Wladimir Kaminer

Ich bin kein Berliner

Ein Reiseführer für faule Touristen

FSC

Mix
Produktgruppe aus vorbildlich
bewirtschafteten Wäldern und
anderen kontrollierten Herkünften

Zert.-Nr.SGS-COC-1940
www.fsc.org
© 1996 Forest Stewardship Council

Verlagsgruppe Random House FSC-DEU-0100
Das FSC-zertifizierte Papier *München Super* für Taschenbücher.
aus dem Goldmann Verlag liefert Mochenwangen Papier.

6. Auflage
Originalausgabe April 2007
Copyright © 2007
by Wladimir Kaminer
Copyright © dieser Ausgabe 2007
by Wilhelm Goldmann Verlag, München,
in der Verlagsgruppe Random House GmbH
Umschlaggestaltung: Design Team München
Umschlagillustration:
Copyright © 2007 by Vitali Konstantinov
Illustrationen im Innenteil:
Copyright © 2007 by Vitali Konstantinov
AB · Herstellung: Str.
Satz: Uhl + Massopust, Aalen
Druck und Bindung: GGP Media GmbH, Pößneck
Printed in Germany
ISBN: 978-3-442-54240-6

www.goldmann-verlag.de

WLADIMIR KAMINER

Ich bin kein Berliner
Ein Reiseführer für faule Touristen

Inhalt

Ich bin kein Berliner

Ich bin kein Berliner. Ich bin auch nicht »Deutschland«. Die Social-Marketing-Kampagne des letzten Jahres »Du bist Deutschland« hat mich nur irritiert. Ich kenne mich hier nicht wirklich aus. Vor fünfzehn Jahren kam ich nach Ostberlin, aus Gründen, die mir bis heute rätselhaft geblieben sind. Wahrscheinlich war es bloße Neugier auf die Welt und ungebremste Reiselust, die mich damals nach Berlin trieben. Die Reise erwies sich als fatale Entscheidung. Einmal hier gelandet, kommt man kaum mehr weg. Berlin bindet.

Alle Einheimischen, die ich im Laufe der Jahre

kennengelernt habe, wollten immer als Erstes wissen, wieso ich damals ausgerechnet Berlin beziehungsweise Deutschland als Reiseziel gesucht hatte. Meine Ausweichantworten »Es hat sich so ergeben« oder »Ich bin in den falschen Zug gestiegen« konnten sie nicht zufriedenstellen. Wenn ich aber zur Abwechslung sagte, ich fände Deutschland gut und Berlin sei eine tolle Stadt, wollte mir das einfach keiner glauben.

Die Eingeborenen zeigen sich in der Regel sehr kritisch ihrem Land und ihrer Stadt gegenüber. Erst vor kurzem traf ich in unserer Stammkneipe einen Journalisten aus Bochum, der genau wie ich vor fünfzehn Jahren nach Berlin ausgewandert war und mich nicht nach den Gründen meiner damaligen Abreise fragte. Von sich behauptete er sogar ungeniert, ihm wäre es schon immer klar gewesen, dass er hier in einem Paradies lebe. Alle Gäste, die unserem Gespräch lauschten, hatten sofort Abstand von dem Mann genommen. Die Wirtin vermutete später, er wäre unter Drogen gestanden. Inzwischen weiß ich, was diese ständige Fragerei soll: Es ist eine Art Flirt. Das Land will gefallen, schämt sich aber, es öffentlich zuzugeben. Unsere Liebesbeziehung steckt deswegen permanent in einer Krise, die aber für beide Seiten fruchtbar ist.

Schon an meinem ersten Tag in Berlin musste ich im Berliner Polizeipräsidium am Alexanderplatz mit ein paar anderen Russen zusammen Fragebögen ausfüllen, um humanitäres Asyl gewährt zu bekommen. Die Frage »Aus welchem Grund haben Sie Deutschland gewählt, und was haben Sie in Deutschland vor?« stand ganz oben auf der Liste. Niemand von meinen Landsleuten hatte eine Idee, wie man diese Frage vernünftig beantworten konnte. Sie waren alle mehr oder weniger zufällig in Deutschland gelandet, weil sie zum Beispiel eine nette deutsche Tante hatten oder einen deutschen Freund, der sie eingeladen hatte. Ein älterer, intelligent aussehender Mann, der Einzige aus unserer Asylantengruppe, der über gute Deutschkenntnisse verfügte, schrieb, er sei ein Bewunderer der deutschen Kultur und Sprache, woraufhin alle anderen diesen Satz von ihm übernahmen.

Mit einer Zweimonatsduldung verließen wir, die frisch gebackenen Deutschkultur-Bewunderer, damals das Polizeipräsidium am Alex. »Zwei Monate müssten euch reichen, um die deutsche Kultur gründlich kennenzulernen«, witzelte der zuständige Beamte. Dreizehn Jahre später, als ich hier die Staatsangehörigkeit für mich und meine Kinder beantragte, wurde ich erneut in den unzähligen Formularen mit

11

der gleichen Frage konfrontiert. »Warum Deutschland?«, wollte man von mir wissen.

Die jungen Russen und Ukrainer, die sich heute als Au-pair-Mädchen beziehungsweise -Jungs für deutsche Kinder bewerben oder sich zum Studium in Berlin anmelden wollen, füllen ähnliche Fragebögen aus. Sie müssen darin verständlich machen, warum sie unbedingt in Deutschland studieren oder arbeiten wollen und nicht zum Beispiel in Zimbabwe, und was sie an Deutschland besonders schätzen. Die meisten schreiben immer das Gleiche voneinander ab: »Deutsche Ordnung, Pünktlichkeit und Genauigkeit (!) möchte ich lernen. Diese Eigenschaften werden mir auf meinem beruflichen Weg sehr helfen.« Als ob sie alle später Polizisten, Zugabfertiger oder Straßenfeger werden wollen.

»Warum müssen die Deutschen unbedingt wissen, was die anderen über sie denken?«, fragte mich einmal ein Au-pair-Mädchen, und ich konnte ihr keine vernünftige Antwort geben.

»Sag ehrlich, was hältst du von mir?«, ist bekanntlich eine gefährliche Frage, die man nicht einmal dem besten Freund stellen sollte. Mit einer solchen Frage kann jede glückliche Ehe ruiniert, echte Freundschaft gelöst, ein vielversprechender Arbeitsvertrag vorzeitig beendet werden. Solche Fragen sorgen niemals für Aufklärung, sie säen nur noch mehr Misstrauen. Dessen ungeachtet bemüht sich Deutschland, nach seinen eigenen Bildern in der Fremde zu forschen: Jeder Ausländer, der hierherkommt, wird einem Verhör unterzogen. Im Ausland werden parallel dazu groß angelegte Untersuchungen durchgeführt, um festzustellen, was der eine oder andere dort von Deutschland hält. Die Ergebnisse sind so lala. Kaum jemand will die deutschen Leistungen in den Bereichen Kultur, Freizeit und Sport würdigen, auch nicht die deutschen Errungenschaften in der Wissenschaft und die exotische deutsche Küche. Stattdessen kommen in den Vorstellungen der Ausländer über Deutschland immer wieder Hitler, das Bier und die Ordnung vor. Wenn die Deutschen im Ausland gelobt werden, dann stets von den Falschen und für Taten, die das Land selbst am liebsten schnell vergessen würde. Die Iren verlieren manch gutes Wort über die Deutschen, weil sie einst England bombardiert haben; die Araber würdigen sie für den Versuch, die jüdische Bevölkerung auszurotten; die Japaner sehen den Deutschen gerne im Fernsehen beim Jodeln zu; und die Russen halten die deutschen Pornofilme für die härtesten der Welt. Ich habe sie selbst nicht gesehen, man hat es mir erzählt.

Die meisten Ausländer schöpfen jedoch ihre Informationen über Deutschland aus alten Kriegsfilmen. Eine Bekannte, die als selbstständige Reiseunternehmerin Touristengruppen durch Berlin führt, erzählte mir neulich, dass sie für die deutschen und ausländischen Gäste zwei völlig unterschiedliche Reiserouten hat. Den Deutschen zeigt sie, wo Marlene Dietrich heiratete und in welcher Kneipe Ringelnatz seine Gedichte schrieb. Auf Englisch erzählt sie, wo Himmler seine Brötchen holte und wo Goebbels' Zahnarzt praktizierte. Diese Informationen entsprechen den alten Filmklischees, die noch immer das Deutschlandbild der Amerikaner, Briten und Franzosen prägen. Der Gerechtigkeit halber muss ich sagen, dass die Filmklischees nicht immer falsch liegen. So hatte ich lange Zeit als leidenschaftlicher Anhänger des amerikanischen Actionkinos eine bestimmte Vorstellung von den Vereinigten Staaten. In meinem Amerika flippten die Bürger ständig aus, sie schossen mit Gewehren um sich, konsumierten tonnenweise Drogen, wurden blitzschnell steinreich oder umgekehrt sauarm, sie fuhren alte und neue Autos zu Schrott, rappten in Gefängniszellen und führten gerne Kriege in fernen Ländern. Nun habe ich Amerika endlich persönlich bereist und kann sagen, meine Klischees haben sich im Wesentlichen bestätigt.

Im russischen Fernsehen ist das Deutsche zurzeit

dank der Bierwerbung für die Marke *Bavaria* präsent, obwohl dieses Bier nicht aus Deutschland, sondern aus St. Petersburg kommt. In dem Werbespot sieht man einen älteren Mann hinter einem großen gefüllten Bierglas sitzen und nachdenken. Ein jüngerer, möglicherweise der Sohn des Biertrinkers, klopft ihm auf die Schulter und fragt: »Na, Alter, alles in Ordnung?«

»Alles wie in Bayern!«, antwortet der Alte und kneift ein Auge zu.

Das tue ich an dieser Stelle auch. Die Ordnung überlassen wir aber den Bayern, denn in diesem Buch soll es eigentlich nur um Berlin gehen.

TIPP:*

Als Ausgehtipp möchte ich Ihnen den **Alexanderplatz** empfehlen, besonders das **Polizeipräsidium** dahinter. Dort werden keine Aufenthaltserlaubnisse mehr erteilt, sondern in Polen gebaute deutsche Autos TÜV-geprüft. Daneben gibt es dort auch noch einen Fahrrad-TÜV. Außerdem befindet sich unter der S-Bahnbrücke noch die kleinste Schwulenkneipe Berlins – die **Besenkammer**. Und im

---

* Zu den in den Tipps hervorgehobenen Begriffen finden sich im Anhang weitere Informationen.

Foyer des **Fernsehturms** steht ein Zauberautomat, der das Schicksal eines jeden anhand einer bloßen Unterschrift ausspuckt – gegen eine geringe Gebühr. Das Geschäft wurde vor sechzehn Jahren von den faulen Russen gegründet, auf der Suche nach Möglichkeiten, ohne Arbeit reich zu werden.

Berlins Geschichte in Kürze

Vor langer, langer Zeit, als die Grenzen Europas noch nicht festgelegt waren, tummelten sich zwischen Elbe und Oder verschiedene Stämme auf der Suche nach einer gemütlichen Bleibe. Aus dem Osten und Süden kamen welche, die einem Affenkult anhingen, es drängte sie stets, auf Bäume zu klettern. Aus dem Norden und Westen drangen kriegerische Stämme in das Gebiet ein, denen Bären heilig waren und die deswegen vier Monate im Jahr in Winterschlaf fielen. An der Stelle des heutigen Berlins stießen diese Stämme aufeinander. Ihre Kämpfe dauerten an, weil die einen sich stets auf den Bäumen in Sicherheit brachten und die anderen immer wieder einschliefen. Als sie nach Jahren merkten, dass es in diesem Krieg keine eindeutigen Gewinner geben konnte, teilten sie sich die Beute. Die Bärenmenschen zogen nach Spandau an die Havel, die Affenmenschen gingen nach Köpenick an die Spree.

Mit der Zeit kamen sie einander etwas näher, manche heirateten sogar gegen den Willen ihrer Eltern ins fremde Lager ein. Nach einer solchen Heirat durften sie sich aber weder in Köpenick noch in Spandau wieder blicken lassen, und so siedelten sie sich irgendwo dazwischen an. Dort, in den Sümpfen des Neolithikums, kamen die ersten Berliner zur Welt – Zwitter aus Affen und Bären. Diese Spezies erwies sich zwar als etwas muffelig, war aber durchaus überlebensfähig. In ihrer Mentalität verbanden die Urberliner die besten Eigenschaften ihrer Vorväter: die Grazie eines Bären mit der Schläue eines Affen. Sie ließen sich nicht von den anderen Frischeuropäern dumm von der Seite anquatschen und schliefen den ganzen Winter über.

Während die anderen Ureinwohner Europas sich anschickten, ihre Städte möglichst schnell auf Weltniveau zu bringen, konnten die Berliner der Streberei des Mittelalters nichts abgewinnen. Sie hielten sich demonstrativ aus allem heraus, wurden christianisiert, ohne es überhaupt mitzubekommen, und zu Zeiten der Reformation, als Martin Luther seine fünfundneunzig Thesen an die Wittenberger Kirchentür nagelte, konnten sich die Berliner als Einzige nicht entscheiden, ob sie nun Kalvinisten oder Katholiken sein wollten. Sie wollten nur in Ruhe gelassen werden. Während des Dreißigjährigen Krieges wechselten die Berliner jedes Jahr die Seiten und schickten ihre Truppen mal in die eine, mal in die andere Richtung. In der Regel immer dorthin, wo gerade am wenigsten los war. Sie akzeptierten weder Peitsche noch Zuckerbrot. Egal, was man ihnen anbot, sie waren immer dagegen.

Doch die Zeiten waren hart. Der Widerwille und Eigensinn der Berliner konnten die Stadt nicht auf Dauer vor Monarchen, Kaisern und Führern retten. Unzählige Male war Berlin deswegen im Laufe der Geschichte dem Untergang geweiht. Doch nach jedem Brand, nach jeder Zerstörung bauten die Berliner ihre Stadt wieder auf, und zwar immer genauso wie früher. Man nannte das Sanierung. Mit der Zeit entwickelte sich daraus ein regelrechter Wiederaufbau-Tick, den sie bis heute nicht überwunden haben. Die Bauarbeiten dauern das ganze Jahr an und gehören längst zu den festen Sehenswürdigkeiten der Stadt: »Jede Baustelle eine Schaustelle« – so nennt man das hier. Auch fünfzig Jahre nach dem letzten Krieg werden in Berlin täglich Häuser planiert und wieder aufgebaut.

Der Name der Stadt wird laut Berichten der westeuropäischen Historikerkommission vom Markgrafen Albrecht abgeleitet, dem Anführer der Bärenmenschen, der angeblich den Spitznamen »Bär« trug. Diese Version wird jedoch von der osteuropäischen Historikerkommission nicht bestätigt. Sie behauptet, der Name »Berlin« käme aus dem Slawischen und bedeute so viel wie »Gut gemistete Gegend«.

Nach dem letzten Weltkrieg wurde Berlin von den Siegermächten wieder in seine ursprüngliche Zwei-Stadt-Form gebracht, wobei sich das ehemals dem Affenstamm zugehörige und fortan sozialistisch geführte Ostberlin von seinen Bärenbrüdern im Westen mittels einer Mauer trennte. Sie bekam den protzigen Namen »Berliner Mauer« und hielt beinahe vierzig Jahre. Noch heute ist dieses Bauwerk mit Abstand die spannendste Attraktion der neuesten deutschen Geschichte, die das Land den Touristen zu bieten hat. Wenn Sie Berlin besuchen und auf der Suche nach der Berliner Mauer durch die Stadt flanieren, sollten Sie auf gar keinen Fall einen Einheimischen nach dem Weg zu fragen. Der wird Sie bestimmt verarschen und auf irgendeine Parkanlage zeigen. Ich erlaube mir hier, ein großes Geheimnis dieser Stadt zu lüften: Die Mauer gibt es seit siebzehn Jahren nicht mehr. Sie ist wie die Bastille in Paris längst abgerissen worden. Ein richtiger Berliner Reiseführer wird Sie bestimmt zum Check Point Charlie schicken, dem ehemaligen innerstädtischen Grenzübergang. Dort kann man angeblich noch die Überreste der Mauer sehen. Diese Überreste werden dort, in kleinen Tütchen verpackt, von türkischen Balalaikaverkäufern zu erschwinglichen Preisen an amerikanische und japanische Touristen verscherbelt. Die Tütchen werden in China hergestellt, die Steine sind auch nicht echt. Wahrscheinlich kommen sie aus Polen. Aber das interessiert keinen.

TIPP:
In Berlin gibt es mehrere **Bärenzwinger**. Von den meisten Reiseführern werden sie ignoriert. Einer befindet sich in Mitte – im **Köllnischen Park** neben dem Märkischen Museum, ein weiterer in Lichtenberg – neben dem Eingang zum **Tierpark Friedrichsfelde**. Dazu kommen noch jede Menge frei lebende Waschbären in den Außenbezirken der Stadt, wo sie teilweise eine wahre Plage sind. Eine noch wahrere Plage sind aber die tausende von Plastikbären in Kriegsbemalung, die vor besonders lokalpatriotischen Un-

ternehmenssitzen stehen. Diese Bären wurden von Künstlern aus aller Welt bemalt. Die Idee dazu stammt von einem Frankfurter Avantgarde-Künstler, der auch mal richtig Geld verdienen wollte. Den Anfang machte jedoch die Stadt Zürich – mit bunten Plastikkühen.

Berliner Kuppe

Ein hier weitverbreiteter Spruch lautet: »Berlin ist nicht Deutschland.« Dem stimme ich zu. Wer Deutschland sehen will, der muss in den Wald gehen. Zweiundachtzig Millionen Menschen leben in der Bundesrepublik sehr kompakt auf zwölf Prozent ihres Territoriums, einschließlich Verkehrsflächen. Die restlichen Prozent sind Wälder und Felder, Seen und Flüsse. Eigentlich ein idealer Fleck zum Urlaubmachen. Trotzdem gelten die Deutschen als reiselustigste Nation der Welt. Jedes Mal wenn die Urlaubszeit ausbricht, verlassen sie ihre heimischen Kurorte und suchen das Weite. Die Bürger der ehemaligen DDR hatten ihr Recht auf Urlaub im Ausland 1989 sogar zu einer politischen Forderung gemacht. Sie gingen auf die Straße mit Plakaten wie »Visafrei nach Hawaii« oder »Ohne Scham nach Pakistan« (na gut, das zweite habe ich mir ausgedacht) und errangen damit die deutsche Wiedervereinigung.

»Wie war's denn? Das erste Mal auf Hawaii?«, wollte ich meine Ostberliner Bekannten fragen, fand aber niemanden, der tatsächlich nach Hawaii gefahren war. Vielleicht sind die ersten ostdeutschen Hawaiitouristen gar nicht mehr zurückgekommen? Dabei hatte die DDR so viele Urlaubsmöglichkeiten zu bieten. Ihre naturparadisischen Landschaften haben noch heute den höchsten Attraktivitätsindex: Mecklenburgische Seenplatte, Leipziger Tieflandsbucht, Thüringer Wald … Was man hat, schätzt man jedoch nicht.

Heute ist der Traum von Fernreisen im Großen und Ganzen ausgelebt, die veränderten Arbeitsbedingungen, die uneingeschränkte Freizeit auf Lebenszeit geben einem Urlaub zu Hause neuen Sinn. In den Jahren nach dem Mauerfall wurde Ostdeutschland außerdem dermaßen schick herausgeputzt, dass es nun reif für jeden anspruchsvollen Reisekatalog ist. Insofern wundert es nicht, dass die Ostdeutschen ihren Urlaub wieder zu Hause verbringen, während sie zur Arbeit in den Westen fahren. Gleichzeitig werden ihre ostdeutschen Moor- und Heilbäder, die alten Schlösser und Kirchen gerne und häufig von westdeutschen Rentnern besucht, die busweise durch Brandenburg oder Sachsen touren.

Auf Kurortebene hat sich die Wiedervereinigung überall vollzogen, nur in Berlin ist die Lage noch nicht so erfreulich. Die deutsche Hauptstadt fehlt in der allgemeindeutschen Kurort-Tauglichkeitstabelle komplett, sie kann gerade noch in der unteren Spalte »festlegbare landschaftliche Vielseitigkeit« einen Platz finden. Erforderlich dafür sind »ein geringer Waldanteil und Vorhandensein von Wasser oder mindestens einer Bergkuppe«. Diese unsichtbare Berliner Bergkuppe steht exakt dort, wo früher die Mauer verlief. Auf beiden Seiten des Berges leben Menschen, die nicht gern klettern. Und so bleiben die meisten unter sich.

»Neulich musste ich einen Umweg fahren, über den Westen«, hört man, oder: »Ich kenne da einen Arzt im Osten.«

»Wo wohnen Sie denn? Ist das noch Osten oder schon Westen?«, fragte mich neulich eine Beamtin im Landeseinwohneramt, als ich dort eine Einladung für meine Petersburger Freunde bestätigen lassen wollte.

»Ich wohne in Berlin«, sagte ich. »Vielleicht ist Ihnen entgangen, dass die Mauer vor sechzehn Jahren gefallen ist.«

»Nein, das ist mir nicht entgangen«, die Beamtin blickte mir tief in die Augen, »denn ick muss jeden Abend nach Wedding durch den Osten fahren.«

Irgendwas hatte sie gegen den Osten.

»Ach, Sie wohnen in Wedding? Schön, so orientalisch«, konterte ich.

Im Nachhinein war mir dieser plötzlich ausgebrochene Ostpatriotismus etwas peinlich. Auch bei uns hinterm Berg führen die meisten ein Leben in der vertrauten Ostumgebung und sind so gut wie nie drüben.

Ein Freund von uns lernte vor einem Jahr eine Westberlinerin auf Ibiza kennen, sechs Monate später zog sie bei ihm ein.

»Warum fährst du immer nach Charlottenburg zum Frisör?«, regte er sich auf. »Das ist doch pure Zeit- und Geldverschwendung!«

Er selbst ging seit zwanzig Jahren zu seinem Ostfrisör, dem besten auf dieser Seite – ein Udo Walz des Ostens, zuverlässig und preiswert. Früher soll er sogar Honecker und dem gesamten Politbüro die Haare geschnitten haben, erzählte unser Bekannter. Trotz dieser Antiwerbung ging seine Freundin hin.

Der Udo Walz des Ostens hatte einen eindrucksvollen Auftritt: »Sagen Sie nichts! Ich bitte Sie, schweigen Sie!«, wuselte er mit den Händen. »Als ick Ihren Kopf sah, hatte ick sofort ne Fision.« Er ging rasch an die Arbeit. Die Folge seiner Vision war, dass die arme Frau einen Nervenzusammenbruch erlitt, einen Monat lang nur mit einer merkwürdigen Perücke das Haus verließ und noch antikommunistischer wurde, als sie es vorher war.

Daneben habe ich bemerkt, dass die gerissensten ostdeutschen Geschäftsmänner immer ostdeutsche Steuerberater haben. Ich habe mit den Steuerberatern auf beiden Seiten des Berges bereits Erfahrungen gemacht und weiß daher, wie unterschiedlich sie sind. Die westlichen haben in der Regel einen großen Empfangsraum und mehrere Sekretärinnen, die alles notieren, was der Chef sagt, selbst wenn er nur hustet oder von seinem Urlaub auf Hawaii erzählt. Der westliche Steuerberater macht immer den Eindruck, als hätte er selbst mehr Kohle als all seine Kunden zusammen. Das verunsichert den ostdeutschen Geschäftsmann und sorgt für Minderwertigkeitskomplexe. Außerdem versteht er oft nicht, was der Berater ihm rät. Der östliche Steuerberater sieht aus wie ein ehemaliger Unteroffizier der NVA, läuft in einer Lederjacke durch die Gegend, kann tätowiert beziehungsweise leicht gepierct sein und empfängt seine Klienten gern in einer Kneipe. Dabei kommt er gleich zur Sache.

»Dat würde icke an deiner Stelle anders machen, denn wenn die kommen, schauen sie sich dit und dat an.«

Und jedem ostdeutschen Geschäftsmann ist sofort klar, was damit gemeint ist.

Genauso verhält es sich hier auch mit den Kinderärzten, Lebensmittelverkäufern, Saunamitarbeitern und Diskothekenbesitzern. Und wenn man zu einem Taxifahrer aus dem Westen sagt »Fahren Sie mich bitte ins Zentrum«, landet man fast immer irgendwo am Ende der Welt – in Charlottenburg.

Erst in den letzten Jahren ist der Prozess der Annäherung langsam in Gang gekommen – durch den Ausbau der berlintypischen landschaftlichen Attraktivitäten und die damit verbundene Migration der Arbeitskräfte aus dem Westen. Diese Arbeitskräfte machen sich sofort die regionalen Sitten und Gebräuche zu eigen und sind schon nach kurzer Zeit als Wessis nicht mehr erkennbar. So erfuhr ich, als ich mit diesem Kapitel fast fertig war, dass mein tätowierter Steuerberater, der so perfekt berlinern konnte, in Wirklichkeit aus Heidelberg kam. Ein Schock.

TIPP:

Na gut, mit den Parolen habe ich es etwas künstlerisch über-
spitzt. Die wahre DDR-Parole von damals lautete: »Freie
Fahrt nach **Gießen**«. Aus heutiger Sicht hört sich das allzu
lächerlich an, denn wer will schon freiwillig nach Gießen?
Weil es in Berlin alles doppelt gibt, hat die Stadt auch zwei
Teufelsberge und zwei **Teufelsseen** – einen im Grunewald und einen südlich des Müggelsees. Ebenso gibt es auch
zwei Berge mit Künstlern obendrauf: den **Kreuzberg** im
Westen und den **Prenzlauer Berg** im Osten. Hier wurde
einst unter Stasi-Aufsicht eine Wilde Poesie kultiviert, dort
wurden unter Marktzwängen die Jungen Wilden kreiert.
Man merkt es zwar kaum, dass es hochgeht, wenn man den
Prenzlauer Berg erklimmt, aber den Kreuzberg erkennt
man schon von weitem an seinem künstlichen Wasserfall
und dem neogotischen **Schinkeldenkmal** für die so genannten Freiheitskriege.

Berliner Großereignisse

Die Berliner gehen gerne aus, mindestens zweimal im Jahr. Zwar werden täglich in der Hauptstadt jede Menge unbedeutende Ereignisse als große Events in der Presse angepriesen, doch von den wahren Großstadt-Partys, die dem Berliner ans Herz gewachsen sind, gibt es nur zwei: Berlinale und Grüne Woche. Beide finden mitten im Winter statt, wenn die Nächte lang und die Tage kurz sind und die Kälte den Menschen schwer zu schaffen macht. Man kann nicht mehr draußen auf der Parkbank sitzen, in der Stammkneipe fällt permanent die Heizung aus, in der Bierkiste auf dem Balkon platzen jede Nacht die Flaschen. Kein Wunder, dass viele um diese Jahreszeit depressiv werden oder sogar durchdrehen. Manch einer kann nicht einschlafen, manch anderer nicht aufstehen, immer mehr Leute vereinsamen. Sie rufen bei der Seelsorge an, bei der Feuerwehr oder beim Auswärtigen Amt und drohen damit, sich selbst als Geisel zu nehmen: Wenn nicht innerhalb von vierundzwanzig Stunden eine Million Euro in kleinen Scheinen und zwei Kisten Bier vor ihrer Tür stehen, werden im Internet die Köpfe rollen – und zack! legen sie auf.

Um solche destruktiven Handlungen zu verhindern und die Bürger von ihren düsteren Gedanken abzulenken, werden die Hauptevents hier im Winter veranstaltet. Beim Filmfestival Berlinale kann der Berliner Filme sehen, die sonst niemand auf der Welt bisher gesehen hat. Auch kann man dort jede Menge tolle Schauspielerinnen kennenlernen, die niemand kennt. Bei der Grünen Woche werden etliche ausländische Lebensmittel präsentiert, die es durch die äußerst strengen Kontrollen des Gesundheitsamtes bis nach Berlin geschafft haben. Viele sind es nicht. Die russischen Lebensmittel zum Beispiel, die in Deutschland verkauft werden, werden auch in Deutschland produziert. Deswegen schmecken sie so komisch: weder russisch noch deutsch, irgendwie multikulturell. Die Originalprodukte entsprechen nicht der deutschen Norm, weil sie von allem zu viel beinhalten. Die Konfitüre hat zu viel Zucker, die Wurst ist zu fett, der Senf schmeckt zu scharf, der Alkohol zu alkoholisch und die Salzgurken zu salzig. Sie sind sehr lecker, sorgen aber oft für unerwartete Magengeräusche. Der Verzehr dieser Produkte kann unter Umständen den Menschen in ihrer Umgebung Schaden zufügen.

Bei der Grünen Woche werden außer Wodka nur pseudorussische Waren ausgestellt. Trotzdem gehen wir jedes Jahr dorthin, um unsere Nostalgie zu stillen und die Kinder zu unterhalten. Die Grüne Woche bietet nämlich Spaß für die ganze Familie. Eltern können dort an jeder Ecke ein alkoholhaltiges Erfrischungsgetränk aus weit entfernten Ländern zu sich nehmen und Kinder eine echte Kuh aus Brandenburg unter Aufsicht des Dienst habenden Fachpersonals sowie in Begleitung ihrer schon leicht betüdelten Eltern melken. Die ersten sechs Tage wird die Grüne Woche traditionsgemäß nur mäßig besucht. Die echten Berliner gehen erst am letzten Tag auf die Messe. Von Montag bis Samstag schauen sie sich den Event im Fernsehen an, schneiden sich Gutscheine dafür aus den Zeitungen aus, essen und trinken nichts und halten sich in Form. Am letzten Tag, wenn die Aussteller schon mit dem Abbauen begonnen haben und nicht wissen, wohin mit ihrem ganzen Zeug, schlagen die Berliner zu. Erst wird die Kuh aus Brandenburg in Sekunden leer gemolken, dann laufen alle zum Italiener – »Zehn Würste drei Euro!« –, dann zum Franzosen – »Der hatte letztes Jahr gutes Porzellan« –, von dort weiter zu der Riesensahnetorte, die von der Eröffnung noch übrig geblieben ist. – »Mit Bier geht alles.«

Wir gehen unseren eigenen Weg. Als Erstes besuchen wir aus lauter Patriotismus den russischen Pavillon. Die russische Halle erinnert tatsächlich an unsere Heimat: Sie ist sehr groß, und es gibt nichts zu essen. Dafür ganz viele Broschüren über die letzten besonders erfolgreichen Ernten und die Fortschritte in der Landwirtschaft, einen großen tiefgefrorenen Fisch, einen überdimensionalen Rasenmäher in der Mitte und drum herum Plakate mit angemalten Würsten.

»Wir sind nicht hierhergekommen, um die Berliner zu füttern, sondern um wichtige wirtschaftliche Kontakte zu knüpfen!«, erklären uns unsere Landsleute, die den gefrorenen Fisch bewachen.

»Alles klar«, sagen wir, »unsere Nostalgie ist befriedigt, wir gehen zum Ukrainer essen.«

Die ukrainische Halle muss man nicht lange suchen, sie ist traditionell neben der russischen angesiedelt. Außerdem hört und riecht man die ukrainische Küche schon von weitem. Auf jedem Quadratzentimeter Fläche wird dort gebraten, gegrillt, gekocht und eingeschenkt. Junge Mädchen in volkstümlichen Büstenhaltern tanzen auf der Bühne, und langhaarige Jungs imitieren trashige ukrainische Folklore auf einem exotischen Instrument, das einmal ein Keyboard war, bevor es in die Ukraine auswanderte. Am Ende des Tages sind die Ukrainer alle satt und betrunken, und die Russen haben viele Kontakte geknüpft. Wir dagegen haben Schwierigkeiten, den Ausgang aus dem ukrainischen Pavillon zu finden. Der Pfefferwodka, ein Teufelszeug, bricht unseren Konsumentenwillen, macht uns weich und für alle Angebote offen. Der einzige Weg vom Ukrainer an die frische Luft führt unglücklicherweise durch die Halle, in der Jacuzzis verkauft werden. Kaum bleibt man bei einem solchen Whirlpool stehen, schon fragen einen die Verkäufer, ob man fünf Minuten Zeit für sie hätte. Und jedes Mal kaufe ich dort unfreiwillig einen Jacuzzi, den ich am nächsten Tag wieder umständlich abbestellen muss.

Dieses Jahr haben wir ein besonders heikles Exemplar erwischt: »Palermo« – ein Sechssitzer mit Unterwasserbeleuchtung. Zuerst blieben die Kinder vor dem Gerät stehen, und die junge Verkäuferin sprach uns sofort an, ob wir schon mal daran gedacht hätten, einen Jacuzzi für die ganze Familie zu erwerben.

»Eigentlich nicht«, antworteten wir wahrheitsgemäß.

»Setzen Sie sich doch fünf Minuten. Ich mache Ihnen ein Angebot, das Sie nicht ablehnen können«, sagte die Verkäuferin. Und schon war es geschehen. Während sie uns nach der Adresse fragte, zogen sich die Kinder schon einmal aus, um in die Wanne zu steigen. Mit einem Kostenvoranschlag in Höhe von dreizehntausend Euro in der Hosentasche zog ich die ganze Familienbande nach draußen. Auf dem Rückweg gelang es mir, den Kindern verständlich zu machen, dass »Palermo« nicht in unsere Wohnung passe, weder durch die Tür noch durch ein Fenster. Wir werden uns nächstes Jahr einen anderen Ausgang aus dem ukrainischen Pavillon suchen müssen.

TIPP:

Wer außerhalb von solchen Großereignissen wie Berlinale, Funkausstellung und internationale Tourismusbörse sowie den wandernden Erotikmessen und der Grünen Woche nach Berlin kommt, dem seien die vielen **Kinderbauern-**

höfe empfohlen, die es fast in jedem Problembezirk gibt. In Kreuzberg gibt es sogar drei. Daneben empfiehlt sich auch noch ein Besuch des ebenfalls selbst organisierten Kinderzirkus **»Cabuwazi«**, von dem es inzwischen schon vier gibt.

Berliner Dialekt

Der Prenzlauer Berg ist gut für die Nerven. Seine
Bewohner sind ganz nach meinem Geschmack: ru-
hige Menschen, die Zeit haben, mit Nachdenklich-
keit im Gang, keine Frühaufsteher. Die Männer
sitzen am liebsten mit einer alten Zeitung in der
Hand vor dem Haus, die Frauen sind gerne schwan-
ger, oder sie versammeln sich in kleinen Gruppen
und versperren mit ihren Kinderwagen den Strebern
den Weg. Bei den letzten Wahlen bekamen die Grünen und die Linkspartei hier fast alle Stimmen, die
CDU blieb mit ihrer sozialen Kälte draußen. So sind
meine Nachbarn – progressiv denkende, weltoffene

Ökofreaks, die gerne in Mülleimer schauen. Ständig sehe ich hier Leute auf der Straße, die Kippen oder leere Bierflaschen einsammeln. Für viele ältere Menschen ist die Mülltrennung vom Hobby zum Hauptberuf geworden. Sie wühlen in den Mülltonnen, um für eine bessere, saubere Welt das Gute darin vom Schlechten zu trennen.

Zu einer solchen Welt gehört auch der höfliche Umgang miteinander. Meine Nachbarn geben sich Mühe, indem sie ihren Berliner Dialekt auf das Wesentliche reduzieren, um ihren Nächsten nicht aus Versehen auf die Pelle zu rücken. Wenn sich hier zwei alte Freunde treffen, sagt der eine: »Na?«

Zurück ins Deutsche übersetzt bedeutet das so viel wie: »Guten Tag, alter Schwede, wir haben uns aber lange nicht gesehen! Was macht die Frau, das Kind, der Hund? Wie geht es deiner Oma?«

Der andere reagiert in der Regel entweder mit einer leichten Kopfbewegung, die auf gewisse Schwierigkeiten in seinem Leben hindeutet, oder ebenfalls mit einem bestimmten »Na« – ein Signal, das besagt, dass bei ihm alles in Ordnung ist. Danach klopfen sie einander auf die Schulter und gehen weiter, jeder in seine Richtung.

Wenn zwei Unbekannte aufeinandertreffen, sagen sie nichts. Doch auch in diesem Kommunikationsparadies trifft man manchmal rückständige Elemente, die vor Beleidigungen nicht zurückschrecken.

Neulich ging ich Brötchen holen. Eigentlich ist die Frau meines Vertrauens bei uns für Brötchen zuständig, weil ich als Schriftsteller zu eingespannt bin. Wir Autoren sind realitätsferne Menschen, wir spinnen uns immer weiter fort und verlieren uns dabei oft völlig in den eigenen Phantasien. Ich arbeitete gerade an einem neuen Roman, und plötzlich waren die Brötchen alle. Die Frau meines Vertrauens meinte dazu, sie habe endgültig die Nase voll von faulen Säcken, und wollte wissen, wann ich überhaupt das letzte Mal abgewaschen oder etwas eingekauft hätte. Außerdem erfuhr ich noch, dass meine Frau seit über einem Jahr überhaupt keine Brötchen mehr aß, wegen der Kohlehydrate, die angeblich pures Gift seien.

Also stieg ich aufs Fahrrad und fuhr selbst – zu einer nahe gelegenen Bäckerei. Es war Abend, das meiste ausverkauft, die Verkäuferin saß mit einer Tasse Kaffee vor sich in einer Ecke und schaute etwas verträumt an die Decke. Am Regal hing ein Zettel: »Sonntagsbrötchen im Sonderangebot: 5 Stück – 1 Euro«. Ich schaute auf die Uhr. Es war Dienstag. Scheiße, dachte ich, aber was soll's, wer zu spät kommt, den bestraft das Leben. Für alle Fälle fragte ich die Verkäuferin jedoch, ob sie unter Umständen auch noch etwas Frischeres auf Lager habe. Montagsbrötchen zum Beispiel. Die Frau reagierte heftig. Wie eine Rakete schoss sie von ihrem Stuhl hoch und schrie: »Dat kann nich wahr sein, wollen Sie mich verarschen, oder wat?«

Ich wunderte mich, dass meine harmlose Frage sie derart in Rage gebracht hatte. »Was ist daran falsch, wenn man am Dienstagabend keine Brötchen vom Sonntag haben will?«, fragte ich.

Die Verkäuferin wurde grün im Gesicht. »Diese Brötchen sind ganz frisch, sie heißen nur Sonntagsbrötchen, so wie sie Iwan heißen«, blaffte sie mich an.

»Na, hallo«, sagte ich. »Das kann doch keiner wissen, dass Ihre Brötchen solche bescheuerten Namen tragen. In meinem Land tragen Brötchen keine Namen. Und Ihren rassistischen Iwan-Vergleich weise ich entschieden zurück. Ich trage doch kein Schild um den Hals ›Fünf Iwans zum Sonderpreis‹ oder so. Unter solchen Umständen habe ich keine Lust mehr, bei Ihnen einzukaufen, und Ihre verrosteten Sonntagsbrötchen können Sie sich sonst wohin stecken!«

Eine ganze Woche schon lebe ich nun ohne Kohlehydrate und fühle mich eigentlich ganz wohl dabei.

TIPP:

Deutlich freundlicher als die Bäcker sind die Berliner **Frisöre, besonders die türkischen**. Sie wissen nicht nur immer die neusten türkischen Nachrichten zu erzählen, sie beherrschen auch noch die in Europa längst vergessene Kunst des Bartschneidens. Außerdem können sie Ihnen Ihren Schnurrbart einrichten und Augenbrauen auseinanderkämmen. Dazu gibt es einen Kaffee und – falls gewünscht – auch eine Rasur.

Warum der Postmann in Berlin
immer zweimal klingelt

Was die Berliner von anderen Deutschen unterscheidet, ist ihre Vergangenheit. Sie alle hatten zwei Leben,
sie alle waren schon einmal etwas ganz anderes. Als
Schriftsteller werde ich oft mit der Vergangenheit mir
völlig unbekannter Menschen konfrontiert. Wegen
deren Vergangenheit ist mir schon mehrmals die Tür
vom Briefkasten gesprungen. Er platzt aus allen Näh-
ten von Lebensgeschichten, die nach der Meinung
ihrer Absender alle Bestsellerqualität haben. Aber
Geld und Ruhm interessieren die Absender gar nicht,
sie wollen bloß ihre Vergangenheit loswerden.

»Hier ist nur eine kurze Aufstellung der Fakten. Wenn Sie mehr wissen wollen, müssen Sie mich besuchen, ich wohne gleich um die Ecke«, schreiben sie und schicken mir ihre Memoiren, Bilder aus Familienarchiven, Ausschnitte aus alten Zeitungen, ihre Geburts- und Heiratsurkunden in mehrfacher Ausfertigung, Ausreiseanträge und Briefwechsel mit der Verwandtschaft. Später mahnen sie: »Sollten Sie sich für mein Leben doch nicht interessieren, schicken Sie mir umgehend alle meine Dokumente zurück. Ich werde Sie dann nicht mehr belästigen.«

Schön wäre es. Wir ziehen oft um. Beim letzten Umzug sind viele dieser zugeschickten Schicksale verloren gegangen, ein ganzer Pappkarton voll. Aus Westberlin schreiben mir die Leute gerne über ihre Eltern, die Nazis waren oder im Untergrund kämpften: Es gibt viele Liebesgeschichten mit politischem Hintergrund. Russische Soldaten vergewaltigen die Oma. Amerikanische Soldaten heiraten KZ-Häftlinge. Oder sie schreiben, wie sie Tunnel gruben, um ihre Brüder und Schwestern aus den Fängen der sozialistischen Diktatur zu befreien. Glaubt man diesen Lebensgeschichten, lebten im Westen vor allem Helden, im Osten dagegen die Opfer.

Aus Ostberlin bekomme ich den blanken Wahnsinn: »Ich war ein Kämpfer für ein unabhängiges

43

Deutschland ohne Folter. Die Schweine haben mich wegen meiner politischen Überzeugungen fünf Jahre in die DDR-Psychiatrie eingesperrt. Nach der Wiedervereinigung hat mich die BRD-Psychiatrie für weitere fünf Jahre übernommen. Ich habe sechs Attentate auf meine Person überlebt, vom KGB, BND und dem Roten Kreuz. Anbei mein Entlassungsschein auf Englisch und Deutsch. Das Wichtigste habe ich rot markiert.«

Ich drücke mich davor, diese Briefe zu beantworten. Dieser Ansturm der Vergangenheit kann einem Angst machen. Wenn ich mir nur vorstelle, dass all die unveröffentlichten Weltbestseller irgendwo draußen frei herumlaufen. Dazu kommen dann noch die Geschichten der anderen, die ihre Vergangenheit gerade erst als Gegenwart erleben – sie hätten sie rein theoretisch auch mir schicken können. Was mache ich dann mit dem ganzen Kram?

Andererseits kann ich die Absender gut verstehen. Die Vergangenheit ist eine Last. Sie drückt auf die Schultern. Besonders merkt man das in unserer Ostberliner Gegend, wo die meisten noch ihre sozialistische Vergangenheit mit sich herumschleppen. Sie alle haben irgendwelche Leichen im Keller. Jedes Mal wenn ich einen sympathischen älteren Mann kennenlerne, einen Journalisten oder Schriftsteller, der mir klug und kumpelhaft erscheint, sagt mein allwissender westdeutscher Kollege: »Du weißt, Wladimir, der war bei der Stasi.« Die Taxifahrer, die ich beim Spreefunk anrufe, entpuppen sich nicht selten als ehemalige hochrangige Offiziere der Nationalen Volksarmee. Als ich einen neulich auf die Fernsehdokumentation über die Besetzung der Stasi-Zentrale von vor fünfzehn Jahren ansprach, rastete er beinahe aus. Er lenkte den Wagen nur noch mit dem Knie, drehte sich zu mir um und rief: »Ich als ehemaliger Oberleutnant der NVA kann Ihnen versichern, das war alles von der CIA inszeniert! Glauben Sie etwa, die Amis wollten uns die Freiheit bringen? Sie wollten nur die Skizzen von Landungsgeräten für die sowjetischen MIG 27! Aber ich habe dafür gesorgt, dass sie diese Skizzen niemals bekommen haben! Lesen Sie das, dann werden Sie alles verstehen!« Der Fahrer zeigte mir ein Taschenbuch mit dem Titel *Weltverschwörung CIA*. Ob er die Skizzen noch immer hat?, überlegte ich, genierte mich jedoch zu fragen.

Die nette Baguetteverkäuferin von nebenan war früher Leutnant bei den Grenztruppen, und unser Briefträger arbeitete als Mordkommissar bei der Volkspolizei – deswegen klingelt er immer zweimal.

TIPP:

Berlin hat die meisten Friedhöfe Deutschlands, sie sind hier auch Interessengemeinschaften: Auf dem **Dorotheenstädtischen Friedhof** an der Chausseestraße neben dem Brechtzentrum liegen die deutschen Dichter und Denker von Hegel bis Müller. Auf dem **Invalidenfriedhof** ruhen die berühmtesten preußischen Militärs, weswegen die DDR ihn halb abräumte und zu einem so genannten Todesstreifen machte. Die Westberliner Schickeria hat ihre letzte Heimstätte auf dem **Zehlendorfer Waldfriedhof** gefunden und die namhaftesten Revolutionäre auf dem **Sozialistenfriedhof in Friedrichsfelde**. Auch die bei der Befreiung Berlins 1945 gefallenen sowjetischen Soldaten haben mehrere Ehrenfriedhöfe in der Stadt: einen in Treptow, einen im Tiergarten und einen in Pankow. Die toten 68er zieht es dagegen mehrheitlich auf die **Friedhöfe am Südstern in Kreuzberg**.

Shoppen in Berlin

Berlin ist deutschlandweit auf Platz eins, was die Anzahl der Shoppingcenter betrifft. Allein in unserem Bezirk Prenzlauer Berg stehen mehrere solcher Häuser, und eines davon befindet sich fast direkt gegenüber unserer Wohnung: die berühmt-berüchtigten »Schönhauser Allee Arkaden«, die mir immer wieder Stoff für neue Geschichten liefern. Die drei Stockwerke dieses Kaufhauses sind stets mit Menschen überfüllt, die aber mehr schauen als kaufen.

Die Idee, universelle Kaufhäuser von der Größe eines kleinen Dorfes zu bauen, damit jeder all seine Bedürfnisse auf einmal stillen kann, kam aus Amerika. Ich habe solche Kaufhäuser zuerst in den alten amerikanischen Zombie-Filmen gesehen, noch bevor ich nach Berlin auswanderte. Die Einheimischen verbarrikadierten sich in diesen Filmen am liebsten in einem solchen Kaufhaus, wenn sie sich von den Zombies verfolgt fühlten oder wenn Vampire ihre Stadt belagerten oder wenn ein Weltkrieg ausbrach. Nur dort konnten sie auf Dauer überleben, genug Essen, Waffen und Medikamente finden und die Angreifer erfolgreich bekämpfen. Diese Filme waren wie ein blutiger Konsumrausch. Die Helden plünderten alle hundert Geschäfte nacheinander, sie brummten mit Harley Davidsons durch die Hallen, mit einer teuren Whiskeyflasche in der einen und einem noch teureren Gewehr in der anderen Hand, und schossen auf die armen, wehrlosen Zombies, die nur etwas zum Beißen suchten. Die Frauen bewarfen währenddessen die Zombies vom Dach aus mit Ketchupflaschen und schweren Konservenbüchsen.

In Berlin ist das amerikanische Konzept der von Zombies bedrohten Konsumenten, die den ganzen Tag im Kaufhaus verbringen und selbst irgendwann zu Zombies werden, voll aufgegangen. Viele Faktoren haben dabei mitgespielt: die hohe Arbeitslosigkeit, teure Wohnungsmieten, der Mangel an für Spaziergänge geeigneten Parkanlagen und wechselhaftes Wetter. All das hat dazu beigetragen, dass viele Menschen bereits in den »Schönhauser Allee Arkaden« wohnen. Sie kommen morgens als Erste und gehen abends als Letzte. Ihre Gesichter sind mir vertraut, wir begrüßen uns schon. Man kann in den Arkaden wunderbar die Zeit zwischen dem Morgen und dem Abend überbrücken. Das geschäftige Treiben sorgt für Anonymität, man kann unbeobachtet durch die Läden ziehen, in den Buchhandlungen auf gemütlichen Sofas sitzen und in Büchern blättern oder in den Lebensmittelgeschäften neue Leckereien probieren, für die gerade geworben wird. Manche Shoppingcenter-Bewohner nehmen sogar eine Gratisstunde im Fitnesscenter in Anspruch, flüchten dann aber, weil sie wahrscheinlich unpassende Unterwäsche anhaben, die zum Sportunterricht nicht taugt.

Oft wird in dem unteren Stock eine Bühne aufgebaut: Der Schönheitswettbewerb »Miss Schönhauser Allee Arkaden« findet dort statt, die Kindergartengruppe »Freche Früchtchen« tanzt vor dem Kaisers-Eingang, oder eine Rentnerband mit Sombreros auf den Köpfen spielt die alten Zombie-Schlager. Solche Veranstaltungen habe ich in Westberliner Shoppingcentern noch nie gesehen.

Die kleinen Läden neben den großen Kaufzentren haben es bei uns nicht leicht. Sie müssen täglich ums

Überleben kämpfen. Besonders die Kleiderläden sind sehr zarte Pflänzchen. Dabei sprießen sie an den belebten Straßenkreuzungen wie Pilze aus dem Boden, immer mit einer pfiffigen unkonventionellen Modeidee: Entweder bieten sie Frauenunterwäsche in Übergrößen an oder hundert Variationen eines Federhuts, manchmal auch eine Modekollektion des Vorjahres zum halben Preis. Aber kaum ist die Farbe auf den Plakaten trocken, die eine »Neueröffnung« verkünden, schon werden sie gegen die Aufkleber »Alles muss raus« und »Räumungsverkauf« ausgetauscht. Diese Läden sind die Rock'n'Roller der Branche: Sie leben schnell und sterben jung.

Richtig alt wird in Berlin nur *Humana*, diese übel riechende Abstellgarderobe unserer Zeit. Ab und zu schaue ich dort vorbei, atme die saure Luft, diesen gebügelten Schweiß der Geschichte, und frage mich: Was sie wohl heute treiben, all jene, die einst in diesen Klamotten steckten? In der Broschüre mit den Antworten auf die »am häufigsten an Humana gestellten Fragen«, die am Eingang ausliegt, wird diese Frage nicht berücksichtigt. »Warum heißt *Humana Humana?* Warum wird jedes zweite Kleidungsstück nach Afrika geschickt? Was tun wir für arme Menschen?« – das interessiert angeblich die meisten. Ich denke aber über die vielen ehemaligen Inhaber der Hawaiihemden nach, der T-Shirts und Höschen mit amerikanischen Flaggen: Ob sie inzwischen alle antiamerikanisch geworden sind?

Gleich neben den Hawaiihemden hängen fuchsiafarbene Anzüge. In diesen Anzügen haben die ersten Selbstständigen einst die DDR privatisiert. Sie riechen noch immer nach Gier. Ich möchte die Fuchsiamenschen von damals fragen: Wie geht's? Auch beunruhigt mich das Schicksal des ehemaligen Inhabers eines roten Motorradanzugs inklusive Helm, der ein kleines rundes Loch auf der Rückseite hat. Auf dem Ärmel steht »Hein Gericke«. Nach seinem Helm zu urteilen, ist er auf einem Motorrad als Sancho Pansa rückwärts gegen seinen Don Quichotte gefahren. Ich hoffe, es geht ihm gut.

Wie geht es aber den Exträgern von zwanzig Lederhosen der Marke *Uli Knecht?* Mischen sie auf dem aktuellen Christopher-Street-Day immer noch kräftig mit, oder sind sie längst in Rente gegangen? Und wie haben sie es geschafft, ihre Hosen alle in einen gleich erbärmlichen Zustand zu bringen? Waren sie untereinander befreundet? Haben sie gemeinsame Ausflüge in die Natur gemacht? Sind sie auf dem Bauch um die Wette durch Mecklenburg gekrochen?

Und wo befinden sich eigentlich die »Eichsfelder

Bekleidungswerke Heiligenstadt«, die diese blauen FDJ-Hemden produzierten? Und was nähen sie dort jetzt? Vielleicht Bundeswehrjacken, die noch vor einigen Jahren ein Drittel des *Humana*-Raumes beanspruchten. Inzwischen sind viele Bundeswehrjacken aus Berlin nach Osteuropa ausgewandert. Ich habe sie auf den Straßen von Zagreb, Moskau und sogar Samarkand gesehen – im Fernsehen. In Kroatien werden sie gerne von Nationalisten getragen, weil Deutschland Kroatien als erstes Land anerkannt hat. In Serbien werden sie aber auch gerne getragen, weil Deutschland die Amerikaner nicht unterstützt und keine Bundeswehr in den Irak schickt. Nach Mittelasien kommen sie wahrscheinlich über Afghanistan, wo die Deutschen stationiert sind. Und in Russland werden sie geschätzt, weil sie »eine gute Farbe haben und sehr preiswert sind«, wie mir ein Freund berichtete. Auch in Afrika werden sie wahrscheinlich massenhaft getragen, weil *Humana* es so will.

Deren Container haben jedoch eine starke Konkurrenz durch Internetauktionen bekommen. Dort versteigern schon Zwölfjährige ihre besten Stücke. Als die Tochter unserer Freunde neulich anfing, ihre CD-Sammlung über eBay zu verkaufen, kam das erste Angebot aus einer Bundeswehrkaserne. Das wirft natürlich neue Fragen auf: Was macht ein Soldat mit einer Blümchen-CD? Will er mit dieser Musik seine Feinde auf dem Schlachtfeld demütigen? Und wer steckt heute in seiner Jacke?

TIPP:

Berlin war einmal die deutsche Modestadt, deren Zentrum sich rund um den Hausvogteiplatz befand. Mit der Vertreibung und Vernichtung der europäischen Juden war es damit zu Ende, auch wenn die DDR versuchte, dort selbiges wieder zu etablieren. Seit 1989 gibt es aber erneut Bestrebungen, Modedesigner nach Berlin zu locken – unter anderem mit Fashionshows. In der Kreuzberger Schlesischen Straße hat sich eine Modedesignerin mit einem **Schnitzel Shop** niedergelassen und in den Hackeschen Höfe in Mitte **Lisa D.** Gleich um die Ecke in der Neuen Schönhauser Straße gibt es den Herren-Designerladen **Respectmen**. Daneben verfügt die Stadt über viele ausgefallene Secondhandläden und jede Menge Trödelmärkte. Erwähnt seien der Laden **Ave Maria** – für schrille Klamotten und katholische Paraphernalia in der Potsdamer Straße und die **Trödelmärkte** an der Straße des 17. Juni, an der Museumsinsel, am Arkonaplatz und im Mauerpark Prenzlauer Berg.

Berliner Gastronomie

Unsere Freundinnen Katja und Irina kommen aus Weißrussland und studieren seit zwei Jahren Journalistik an der Uni. Die notwendige Lebenserfahrung für ihre zukünftige journalistische Arbeit sammeln sie als Kellnerinnen in einem Restaurant am Wittenbergplatz. Das Restaurant steht für »traditionelle deutsche Küche mit Stil« und ist nie leer. Auf seiner großen Terrasse verzehren die letzten Altberliner ihre Nürnberger Rostbratwürstchen mit Sauerkraut und bestellen dazu Kaffee mit Apfelkuchen.

Seit einiger Zeit ist das Lokal allerdings durch ungezähmte Touristenhorden gefährdet. Immer mehr

Busse mit Berlinreisenden machen vor dem Restaurant Halt. Die Gäste der Hauptstadt wollen die traditionelle deutsche Küche mit Stil kosten. Ihr übertriebenes Interesse hat zur Folge, dass diese eigentlich anständige Gaststätte sich immer mehr in eine Touristenattraktion verwandelt. Die Fremden wollen ständig unterhalten werden. Mit einem Stück Kuchen und einer Wurst gibt sich keiner zufrieden. Am meisten Ärger haben die Kellnerinnen mit den Japanern. Diese halten die traditionelle deutsche Küche des Lokals für eine weitere Sehenswürdigkeit der Hauptstadt. In immer neuen Schüben kommen sie angerollt und wollen sich mit einer Portion Eisbein fotografieren lassen. Sie sind von der Größe und Unappetitlichkeit des Gerichts fasziniert, alles Barbarische zieht sie an. Die Japaner zeigen mit dem Finger auf den Teller und rufen laut »Ai«, was auf Deutsch »Guck mal, was für ein Ding!« bedeutet. Dabei lächeln sie begeistert in die Kamera. Die Kellnerinnen müssen die Schnappschüsse machen. Dafür bekommen sie ein gutes Trinkgeld und die Eisbeinportion zurück. Auf die Idee, das Ding zu essen, kommen die Japaner nicht. Der Koch ist darüber natürlich beleidigt. Kaum landet das Gericht wieder in der Küche, schon wird eine neue Portion von neuen japanischen Touristen zum Fotografieren bestellt. Die

55

Altberliner auf der Veranda schütteln darüber nur die Köpfe.

»Diese Ausländer«, sagen sie immer wieder zu Katja und Irina. »Haben die alle eine Meise, oder was?«

»Das kann man wohl sagen«, bestätigen die beiden Mädchen.

Inzwischen hat der Koch eine clevere Lösung zur Rettung seiner Kochkunst gefunden: Er kreierte einfach ein mehrmals einsetzbares überdimensionales Eisbein, das auch nach Wochen noch fotogen ist. Sein Meisterwerk wurde von den Kellnerinnen sofort als »Japsbein« bezeichnet und wird immer wieder nach Bedarf zu zweit aus der Küche herausgetragen. Die Touristen sind glücklich, das Trinkgeld hat sich beinahe verdoppelt.

Dennoch sind die Probleme damit noch nicht für immer vom Tisch. Letztens kam ein Japaner in das Restaurant und erkundigte sich bei Katja auf Englisch, ob er seine fünfundvierzig Kinder bei ihnen abfüttern könne. Katja dachte zuerst, dies sei ein japanischer Touristenwitz, und nickte freundlich mit dem Kopf. Aber dann kamen sie tatsächlich: fünfundvierzig hungrige japanische Schüler. Sie nahmen auf der Veranda Platz. Ihr Gruppenführer bestellte Wurst mit Sauerkraut für alle, denn es waren anscheinend die einzigen Wörter, die er auf Deutsch beherrschte.

Katja schlug dem Gruppenleiter zuerst vor, die Kinder im Imbiss nebenan abzufüttern. Davon wollte der aber nichts wissen. »Wurst und Sauerkraut«, wiederholte er immer wieder. Die Küche musste für alle anderen Gäste schließen. Das gesamte Personal des Lokals machte sich an die Arbeit.

Die Nürnberger Würste werden in dem Restaurant stets in riesengroßen Bratpfannen serviert, und nach ungefähr anderthalb Stunden kamen nun also fünfundvierzig Pfannen auf den Tisch. »Ai«, sagten die japanischen Kinder im Chor und zogen sofort ihre Fotoapparate aus den Rucksäcken. Die weißen, Fett spritzenden Würstchen wurden von allen Seiten wie wild fotografiert. Danach packten die Kinder ihre Kameras wieder ein und wollten etwas zu essen bestellen. Nach langem Hin und Her verließ die Gruppe das Lokal, jeder mit einem kostenlosen Stück Apfelkuchen in der Hand. Der Koch saß auf fünfundvierzig Wurstpfannen und war außer sich vor Wut.

»Wenn jemand heute noch ein einziges Würstchengericht bei mir bestellt, dann haue ich ihm sofort eine aufs Maul«, verkündete er laut auf der Veranda. Die Altberliner, die dort saßen, versuchten, ihn zur Vernunft zu bringen.

»Das sind doch nur hungrige Kinder. Was verstehen die schon von Kochkunst«, sagten sie.

»Ah ja«, rebellierte der Koch weiter. »Dann sollen sie sich zu Hause ein paar Reis-Rollmöpse auf Vorrat einstecken, bevor sie verreisen. Lieber koche ich für hungrige Kinder aus Afrika! Die sind bestimmt nicht so heikel wie die Japaner.«

Der Koch wütete noch eine Weile, kippte dann schließlich zur Beruhigung drei Jägermeister in sich hinein und ging nach Hause. Am nächsten Tag hängte er ein Schild draußen auf: »Heute nur Kaltgerichte«. Es half nichts. Die fünfundvierzig japanischen Kinder tauchten erneut auf.

»Nein, nicht schon wieder!«, regte sich der Koch auf.

»Es sind nicht die von gestern, das sind andere«, beruhigten ihn die Kellnerinnen.

Also stellte er sich grummelnd wieder an den Herd.

TIPP:

In Wirklichkeit ist die moderne deutsche Küche in der Lebensmittelabteilung des **KaDeWe** bestens aufgehoben. Noch vor sechzehn Jahren machte das Kaufhaus Werbung für sein schier endloses Sortiment, in dem es jedem eine Geldprämie versprach, der irgendetwas verlangte, was sie nicht hatten. Viele meiner Landsleute versuchten ihr Glück, indem sie dort nach Trockenfisch und rotem Meerrettich fragten – vergeblich. Sie bekamen beides sofort, wenn auch zu einem wahnsinnig überteuerten Preis. Heute treffen sich dort zwar keine russischen Freizeitprostituierten zum Männerfang, wie von der Bundestagsvizepräsidentin Antje Vollmer berichtet, dafür jedoch thailändische Profiprostituierte, die sich nach der Arbeit am frühen Vormittag hier mit frischen Muscheln stärken.

Berlin ist eine Kneipe

Eigentlich darf ich nicht mehr über Berlin schreiben. Oft genug wurde ich von meinen hiesigen Freunden angewiesen, keine Werbung für diese Stadt zu machen. Letztens, als ich in einer Fernsehsendung in der Schweiz von unserer Tanzveranstaltung »Russendisko« im Berliner *Kaffee Burger* erzählte, geriet der Geschäftsführer des *Burger* in Panik.

»Jetzt kommen die Schweizer! Jetzt kommen auch noch die Schweizer!«, fasste er sich an den Kopf. Er beschuldigte die Schweizer, sie würden eine Stunde brauchen, um ein kleines Bier zu konsumieren, und wenn es um Trinkgeld ginge, dann machten sie einen auf toten Käfer. Am liebsten würde er allein in seinem Laden sitzen und Fußball gucken.

Im letzten Sommer landete das *Kaffee Burger* in verschiedenen Hauptstadt-Reiseführern, in denen es als »ein Ort zum Flirten und Kennenlernen – mit Frauenüberschuss« bezeichnet wurde. Busweise kamen männliche Touristen aus der ganzen Welt an. Sie fragten: »Hat hier Honecker gegessen?« und fotografierten sich mit der DDR-Speisekarte, die als heilige Reliquie über dem Tresen hängt. Dann bestellten sie eine Cola für zwei und warteten auf den Frauenüberschuss. Sie wollten, dass jemand sie kennenlernte. Wir lachten natürlich darüber. Nachts kann man im *Burger* nur jemanden unter dem Tisch kennenlernen, wenn man an der richtigen Stelle umfällt. Und selbst dann wird man wegen der mangelnden Beleuchtung und der sehr lauten Musik nie erfahren, wie die Person heißt und wie sie in Wirklichkeit aussieht. Man will doch eigentlich seine neuen Freunde im Tageslicht erleben. Aber tagsüber ist das *Burger* geschlossen. Mehr darf ich nicht über diesen Laden schreiben, also zurück zu Berlin.

Es fällt mir schwer, über diese Stadt etwas Neues zu sagen, ich wohne einfach schon zu lange hier. »Berlin ist eine geheimnisvolle Stadt«, schrieb ich vor sieben Jahren in meinem ersten Buch. »Nichts ist hier so, wie es scheint.« Damals recherchierte ich verschiedene Geschäftstarnungen von Berliner Restaurants. Jedes Mal wenn ich essen ging, stellte sich heraus, dass der Italiener in Wirklichkeit ein Grieche war, die Japaner in einer authentischen Sushi-Bar entpuppten sich als Russen, und die Türken, die einen Grillhähnchen-Imbiss betrieben, sprachen Bulgarisch.

Viel Zeit ist seitdem vergangen. Zu Lesungen und mit der Russendisko habe ich einige hundert deutsche Städte besucht. Oft fragten mich die Leute dort, ob ich mir vorstellen könne, aus Berlin wegzuziehen. »Nein, kommt nicht infrage«, schüttle ich den Kopf. Berlin bleibt mein Lieblingswohnort. Dabei möchte ich keinen Schatten auf die anderen Großstädte Deutschlands werfen: Natürlich haben auch sie unbestreitbar ihre Vorteile: München zum Beispiel liegt sehr nahe an Italien. Die Münchner sehen viel gesünder als die Berliner aus, sie sind besser angezogen, die Autos sind nicht zerkratzt, und es gibt dort Bier in zweilitergroßen Gläsern.

Köln ist auch einmalig. Dort wird die Zeit in Karnevalssessionen gemessen. Kaum ist die eine vorbei, schon steht die nächste vor der Tür. Die Bewohner teilen sich in Dutzende von Karnevalsgesellschaften, sie singen und tanzen das ganze Jahr über auf der

Straße und ziehen sich auch permanent närrisch an und um. Manche laufen sogar fast nackt durch die Gegend. Gleichzeitig ersetzt der Karneval das wirtschaftliche und politische Leben in der Stadt: Es gibt närrische Stadt- und Regionalverbände mit Präsidenten, ersten, zweiten und dritten Vorsitzenden. Es werden regelmäßig Karnevalsmessen durchgeführt und eine Unmenge karnevalistische Zeitungen und Zeitschriften herausgegeben. Die Karnevalsveteranen werden mit Verdienstorden aus Bronze und mit Geldprämien ausgezeichnet, und ihr Ableben wird öffentlich bedauert.

Aber Berlin ist auch nicht so weit weg von Italien und an manchen Stellen näher an China und Brasilien. Es gibt hier ebenfalls einen Kölner Karneval und ein Oktoberfest, eine Love- und eine Fuck-Parade und dazu jeden Tag mindestens drei Demos irgendwo in der Stadt, auch wenn ich selbst noch nie auf einer war. Täglich gibt es in Berlin laut Programm circa vierzig Theateraufführungen, unzählige Rockkonzerte, und immer gastieren ein paar Zirkusse irgendwo in der Stadt, auch wenn ich nicht weiß, wo. Es gibt auch keinen Zwang, dort hinzugehen – das macht die Stadt für mich so attraktiv.

Der muffige Berliner, für den es immer etwas zu meckern gab, ist zum großen Teil in den Westen abgehauen, wahrscheinlich auf der Suche nach einem gut bezahlten Arbeitsplatz. Alle, die einen Vogel haben, kamen dagegen nach Berlin. Aus ganz Deutschland kommen die Knaller hierher, um endlich so zu leben, wie sie es gern hätten, ohne dass jemand mit dem Finger auf sie zeigt. Dabei finden sie in Berlin ganz schnell Gleichgesinnte, eine Stammkneipe, einen eingetragenen Verein und eine spezielle Knaller-Zeitung noch dazu. Nur gehen sie dabei unter, weil sich kein Mensch mehr über sie aufregt. Die Studenten, die im Winter nackt auf die Straße gingen, um gegen Studiengebühren zu demonstrieren, laufen auch heute noch manchmal nackt durch die Gegend, aber niemand regt sich darüber auf.

Das Überangebot an Freizeitbeschäftigungen ist hier nicht aufdringlich. Man muss kein echter Berliner sein, um sich hier zu Hause zu fühlen. Die Stadt lebt von ihrer Vielseitigkeit, es gibt etwas für jeden, aber nicht jeder muss unbedingt alles mitmachen.

Das beste Beispiel dafür ist die Berliner Gastronomie. Hier können die Münchner in einem waschechten bayerischen Jägerstübchen ihr Heimweh betäuben, die Ostfriesen bei Kohl und Pinkel die Abwesenheit von Ebbe und Flut bedauern und die Wiener sich im *Borchardt* und in anderen österreichischen Restaurants ein Riesenschnitzel in Österreich-Form bestellen, das auf keinen Teller passt. Doch am liebsten gehen all diese Berliner zu einer Wurstbude an der Ecke.

Was die Bewohner hier am Tag machen, weiß ich nicht, aber abends gehen sie in die Kneipe.

Viele Touristen schimpfen auf die Abneigung der Berliner gegenüber Dienstleistungen – also über schlechte Bedienung. In einer anderen Stadt wird man sofort bedient, oft sogar von mehr als einem Kellner. Man steht dadurch unter Druck, ständig Bestellungen abzugeben, und ist ganz schnell mit Nudeln oder Alkohol vollgepumpt. Dieser Spaß ist jedoch nie von Dauer: Entweder kriecht man nach zwei Stunden von Gewissensbissen geplagt nach Hause, oder man fällt einfach vom Hocker. In Berlin kann man dagegen stundenlang in einem Lokal sitzen und wird von niemandem angesprochen. Wenn du irgendwas willst, sieh selbst zu, dass du es auch bekommst.

Die Kneipen hier haben einen Anspruch auf Zeitlosigkeit. Sie sind wie ein öffentliches Wohnzimmer, in dem man sich ausruhen kann. Sie sind oft mit schweren Sofas und Sesseln ausgestattet, machen erst nach Mitternacht auf und schließen am darauffolgenden Vormittag. Nach einer Nacht wilden Tanzens haben die jungen Berliner oft keine

Kraft mehr, nach Hause zu gehen, und liegen deswegen in Kneipen herum. Manchmal werden hier neue zwischenmenschliche Beziehungen geknüpft und intime E-Mail-Adressen ausgetauscht. Die Sofas in den Kneipen riechen nach Schweiß und Parfüm und sind oft mit Schminke beschmiert. Wegen dieser Kneipen genießt Berlin beispielsweise unter den Schriftstellern große Popularität, und man kann die Stadt ohne Übertreibung als bedeutende Inspirationsquelle der Weltliteratur bezeichnen. Es gibt hier mehr Literaten als Mücken am Wannsee. Aus Bayern, Österreich, Ex-Jugoslawien und dem Ruhrgebiet ziehen sie hierher. Einmal im Jahr kommen etliche hundert zum Literaturfestival nach Berlin, viele von ihnen bleiben länger.

Wenn man ein Interview mit einem Schriftsteller in der Zeitung liest, kommt das Gespräch fast immer auf Berlin. Entweder ist der Autor hier lange Zeit gewesen, oder er hat gerade vor, hierherzuziehen. Amerikanische Bestsellerautoren wollen hier ihre großen Transvestiten-Romane vollenden, japanische Schriftsteller wollen ihre Geschichten »in einer skurrilen Umgebung« spielen lassen, russische Autoren wollen in Berlin »das neue Europa studieren«. In der Regel bleibt dieses Studium ohne Folgen, die Autoren werden von der Stadt verschluckt. Wenn sie nach Jahren wieder auftauchen, lässt sich aus ihren Werken nicht ablesen, was sie die ganze Zeit in Berlin getrieben haben.

Es ist nicht die schöne Architektur, die all diese Literaten nach Berlin zieht – nein, es sind die Kneipen: eine ideale Brutstätte für jeden schöpferischen Menschen. Denn Berlin ist in Wirklichkeit eine einzige Kneipe. In dieser Stadt findet das Leben nicht hinter verschlossenen Wohnungstüren statt, sondern vor und hinter dem Tresen. Dort gucken einander Unbekannte gemeinsam Fernsehen, hören Musik, tanzen, spielen Schach, kommen zusammen oder gehen auseinander. Die Berliner Kneipen sind anders als ihre Schwestern in London, Barcelona und Paris noch nicht von der Tourismusindustrie unterwandert. Sie sind relativ preiswert geblieben, die Gäste werden in der Regel nicht von aufdringlichem Personal mit Fliege und Speisekarte verfolgt, und überhaupt ist das Personal in einer Berliner Kneipe von den Gästen noch kaum zu unterscheiden. In der Kneipe ist es rund um die Uhr halb zwölf, das große Bier oder ein Schnaps ist für zwei fünfzig zu haben, gefrühstückt wird bis achtzehn Uhr. Was will ein Schriftsteller mehr? Sollten Sie einen Schriftsteller suchen, gehen Sie in die Kneipe, dort wird er sitzen.

TIPP:

Es gibt mindestens drei gute Kneipen in Berlin, die sich absolut nicht darüber freuen, in einen Reiseführer aufgenommen zu werden. Es ist an der Zeit, sie beim Namen zu nennen. Sie heißen **Yorckschlösschen** in der Yorckstraße, **Zwiebelfisch** am Savignyplatz und **Café Slavia** in der Wiesbadener Straße. Jedes Mal, wenn die Journalisten von Merian oder Geo dort aufkreuzen, verstecken sich die Betreiber hinter dem Tresen. Sie meinen, wenn die Touristen kommen, vertreiben sie ihre Stammgäste. Irgendwann bleiben dann auch die Touristen weg – und dann ist Sense.

Nazis und andere Sehenswürdigkeiten

Seit meine Schwiegermutter bei uns zu Besuch ist, machen sich ihre Verwandten im Nordkaukasus große Sorgen um sie. Jede Woche rufen sie an, oft sogar um Mitternacht. »Wie geht es dir, Tanja? Ist alles in Ordnung? Bist du auch nicht verletzt?«

Der Grund für solche Fragen ist die einseitige Berichterstattung über Berlin im russischen Fernsehen. Dort werden nämlich immer wieder erschütternde Bilder aus der deutschen Hauptstadt gezeigt: Nazidemos, Krawalle, brennende Häuser und umgekippte Autos.

»Also, ich habe eigentlich nichts bemerkt«, sagt

meine Schwiegermutter jedes Mal verlegen. Dabei leben gerade die Verwandten in einer instabilen Region nahe der tschetschenischen Grenze.

»Guckt weniger Fernsehen und mehr aus dem Fenster! Bei euch ist doch neulich ein Haus explodiert!«, versuche ich zu kontern.

»Was für ein Haus? Hier ist nichts passiert. Aber bei euch in Berlin, das haben wir gesehen – überall Taliban! Bleibt wachsam dort!«, raten uns die kaukasischen Verwandten.

Das zeigt die Macht des Fernsehens: Wenn irgendwo am Arsch der Welt hinter dem Potsdamer Platz ein Demo-Stau entsteht, heißt es sofort in den ausländischen Nachrichten: »Krawalle in Berlin«. Bei uns auf der Schönhauser Allee konnte meine Schwiegermutter bis jetzt nichts Derartiges entdecken. Die großen Politiker und die Nazis meiden unsere Gegend. Der aktuelle amerikanische Präsident ging zum Glück nicht wie sein Vorgänger im *Gugelhupf* am Kollwitzplatz essen, obwohl dort neuerdings hervorragende Stierhoden groß wie Fäuste mit Sauerkraut serviert werden.

Auch Nazis sieht man bei uns selten. Zuerst hielt meine Schwiegermutter alle Fußballfans für Nazis, wenn sie nach einem Spiel das Jahn-Stadion verließen und grölend durch die Gassen zogen. Bei jemandem, der mit der hiesigen Fußballproblematik nicht so vertraut ist, kann es schnell zu einer solchen Verwechslung kommen. Ich erklärte meiner Schwiegermutter, dass es bloß Sportsfreunde sind. Sie freuen sich, wenn ihre Mannschaft gewinnt, und trauern, wenn sie verliert. Dazu bilden sie Stämme und deklamieren laut selbst gemachte Kurzgedichte. Nein, sie schreien nicht »Heil Hitler!«. Es hört sich nur so an. Die Fußballfans sind eigentlich ganz locker, sie haben keine politischen Forderungen. Die echten Nazis dagegen, die müsste sie fast suchen.

Neulich kam eine junge russische Dichterin zu Besuch. Sie trug ein eisernes Kreuz an einer silbernen Kette um den Hals und erzählte uns, sie wolle nun eine radikale Künstlerin werden, also politisch provozierende Kunst machen. Deswegen müsse sie unbedingt echte Nazis kennenlernen. Ob wir ihr da weiterhelfen könnten? Unser alter Freund Bert konnte es.

»Mädchen!«, sagte er, »im Haus deiner Freundin in der Winsstraße, wo du wohnst, befindet sich unten eine echte Nazikneipe. Sie hieß früher ›Zum SS-Mann‹ oder so ähnlich. Heute heißt sie natürlich anders, aber das Publikum ist dasselbe geblieben. Geh da doch einfach mal hin.«

Das hat unsere Künstlerin auch sofort gemacht,

zusammen mit ihrer Freundin. Die Nazis guckten sie verwirrt an, zeigten auf das Kreuz in ihrem Dekolleté und schüttelten ihre Köpfe.

»So hat sich unser Führer das nicht vorgestellt«, meinten sie, »dass sich irgendeine ausländische Künstlerin unsere Orden als Modeschmuck um den Hals hängt.«

Von radikaler Kunst hielten sie auch nichts, deswegen machten die beiden Frauen schnell einen Rückzieher. Die Stadt ist groß. Am besten bleibt man unter sich.

TIPP:
Wenn die Stadtführer eine Bundeswehrgruppe in ihrem Bus haben, informiert sie der leitende Offizier, ja nichts Nationalsozialistisches zu zeigen. Umgekehrt erfreut sich bei englischen und amerikanischen Touristen alles Nationalsozialistische größter Beliebtheit, sodass es sogar eine spezielle Stadtführung zu Goebbels' Schuster, Görings Frisör und Hitlers Sockenstrickerin gibt. Ich empfehle dagegen einen Besuch des Dokumentationszentrums **Topographie des Terrors** zwischen der Niederkirchner- und der Wilhelmstraße sowie des **Jüdischen Museums** in der Lindenstraße.

Berlin – eine Theaterhauptstadt

THEATER wird in Berlin groß geschrieben und gehört zu den wichtigsten staatlich geförderten Künsten. Beinahe die halbe Stadt ist in dieser Branche beschäftigt. Die alte römische Maxime »Brot und Spiele«, mit der die Grundbedürfnisse der Bevölkerung definiert wurden, kann man auf Berlin bezogen mit »Wurst und Theater« übersetzen. Mit wenigen Ausnahmen spaltet sich die Berliner Bevölkerung in Theatermacher und Theatergucker, wobei beide nur selten zusammenkommen.

In östlichen Bezirken wird fleißig gespielt, aber die Besucherzahlen sind dort mickrig. In westlichen wird weniger Theater gemacht, dafür scheinen die Etablissements ein treues Publikum zu besitzen. Eine glückliche Zusammenfügung von Theatermachern und Theaterguckern gibt es dagegen bei uns in Prenzlauer Berg. Ich habe hier auch schon einmal Theater gespielt. Dazu später.

Im Allgemeinen gibt es in ganz Berlin viel mehr Theatermacher als Publikum. Die meisten betätigen sich in den unzähligen Off-Theatern und Laiengruppen, die in keinem Theatermagazin komplett erfasst werden können. Das liegt an der Volkstümlichkeit dieser Kunstgattung. Trotz ständiger Versuche, das Theater als elitäre Kunst zu etablieren, bleibt die Theaterbühne ein Ort, an dem sich die Massen austoben. Anders als beim Film oder in der Musik darf beim Theater jeder mitmachen. Man muss dafür keine besondere Begabung besitzen, zum Beispiel ein Musikinstrument spielen, gut singen oder malen können. Es reicht schon, wenn man in der Lage ist, ein paar Sätze auswendig zu lernen und diese mehr oder weniger glaubwürdig zu einem vom Regisseur festgesetzten Zeitpunkt von sich zu geben. Aber selbst das ist schon lange keine Bedingung mehr. Es darf unter Umständen auch unglaubwürdig klingen, und selbst wenn man den Text an einer falschen Stelle von sich gibt oder ganz vergisst, geht nichts am Stück verloren.

Das Theater ist sehr demokratisch, in allen seinen Sparten: Das Tanztheater beispielsweise braucht keine tollen Tänzer. Die Bereitschaft, barfuß auf der Bühne herumzuspringen und sich ab und zu auf dem Boden zu wälzen, reicht aus.

Für alle, die Tanztheater zu anstrengend finden, gibt es das Bewegungstheater, ein in Berlin sehr verbreitetes Genre. Bewegungstheater heißt, mit Gesten und Grimassen sein inneres Ich zum Ausdruck zu bringen und sich dem fremden Publikum zu öffnen. In Amsterdam wird das Bewegungstheater sogar von Ärzten verschrieben – es ist gut für die Nerven und hilft gegen Stress und Depressionen. In jeder Klinik, die etwas auf sich hält, gibt es inzwischen ein Bewegungstheater mit erfahrenen Therapeuten als Regisseure. Davon können die Berliner Depressiven nur träumen.

Dafür fängt hier das Theater sehr früh an. Bereits im Kindergarten werden regelmäßig Theateraufführungen organisiert. Eine Bühne wird aufgebaut, jedes Kind bekommt Häschenohren an den Kopf gebunden, sein Gesicht wird bunt bemalt, und ab geht die Schau. Die Erzieherin spielt dazu Gitarre, die Kinder versuchen, sich hintereinander zu verstecken. Die Eltern klatschen und rufen dazu: »Zier dich nicht, komm nach vorne!« Wobei jeder natürlich sein eigenes Häschen meint. In der Schule geht es dann mit

Shakespeare und Kleist weiter. So werden die Kinder hier frühzeitig zu Rampensäuen gezüchtet.

Die Theaterhauptstadt Berlin kann es mit ihren mehr als viertausend gut besuchten Veranstaltungen pro Jahr mit jeder Theaterstadt der Welt aufnehmen. Als ich 1990 aus dem frostigen Moskau in dieses Mekka der Künste kam, wurde mir vom Arbeitsamt Prenzlauer Berg sofort eine Theaterstelle vermittelt. Damals erhielten hier die zahlreichen Theaterprojekte noch großzügige staatliche Unterstützung. In jeder Kneipe saß ein imposanter schnurrbärtiger Theatermacher mit Pfeife und Whiskeyglas, der regelmäßig ABM-Stellen zu verteilen hatte. Und so wurde ich Mitglied einer begabten Off-Theater-Gruppe. Ich glaube, es war ein Bewegungstanztheater mit kleinen Sprachtheaterelementen und großem pyrotechnischen Aufwand. Bei unserer ersten Premiere in Berlin steckten wir ein leer stehendes Haus in Flammen und erhielten dafür den begehrten »Theaterpreis für freie Bühnen«. Hauptsächlich spielten wir in der Kulturbrauerei, aber auch an öffentlichen Orten, unter der Gleimbrücke, am Teutoburger Platz, auf Marktplätzen, vor Rathäusern und Kaufhallen oder einfach so auf der Straße – immer mit sehr viel Publikum. Nirgendwo habe ich eine derart interessierte Bevölkerung erlebt, die sich alles reinzieht. Vor allem, wenn es umsonst ist.

Bei diesen kostenlosen Veranstaltungen unter freiem Himmel durfte ich in einem französischen Drama den Teufel spielen. In schwarzen Klamotten, mit einer Maske und einer brennenden Fackel in der Hand lief ich um den Platz und gab dabei mein inneres Ich preis. Die freundlichen Berliner Zuschauer verfolgten mein Spiel gebannt. Die Tatsache, dass ich noch nicht richtig Deutsch konnte, fiel nicht auf. Es war ja ein Bewegungstheater.

Manchmal dauerten unsere Vorstellungen mehrere Stunden ohne Pause. Die Berliner gingen einfach nicht nach Hause. »Hängt euch auf!«, riefen sie stattdessen, oder: »Geht doch arbeiten, ihr Flaschen!« Manchmal flogen richtige Bierflaschen über unsere Köpfe. Seitdem sind mehr als zehn Jahre vergangen, trotzdem zittern meine Beine immer noch, wenn ich vom Theaterspielen träume.

TIPP:

Es gibt einige hundert Theater in Berlin. Das lauteste ist die **Volksbühne** am Rosa-Luxemburg-Platz. Dort sind über fünfhundert Leute fest angestellt, hinzukommen noch etliche Hilfskräfte, Praktikanten und durchziehende Gaukler. Das leiseste Theater befindet sich in der Eberswalder Straße und ist ein Tanztheater namens **Die Halle**.

Berliner Bildung

Bildung ist in einer demokratischen Gesellschaft eine Schwachstelle, weil man Kinder nicht foltern darf. Sie sind das höchste Gut, die Blumen des Lebens und dürfen auf keinen Fall unter Zwang geraten. Selbst dann nicht, wenn sie sich dumm anstellen oder Hausaufgaben prinzipiell verachten. Deswegen versucht die demokratische Gesellschaft, ihre Kinder mit Kartoffelchips, Kinovorführungen oder mit Hypnose zur Wissensannahme zu verführen. Davon werden die Kinder zwar frecher, etwas dicker, aber nicht wirklich gebildeter. Sogar die UNO macht sich schon Sorgen um Deutschland. Sie schickte einen Sonderbeauftragten aus Costa Rica, der vor Ort klären sollte, ob das deutsche Bildungssystem nicht das Menschenrecht auf gleiche Bildungschancen verletze. Diese Schmach hatte das Land der Pisa-Studie zu verdanken, bei der die deutschen Schüler traditionell schlecht abschneiden. Andere, weniger demokratische Staaten, die ihre Kinder foltern, schneiden bei Pisa-Studien traditionell besser ab. Was soll's, andere Länder, andere Sitten, würde jeder Normaldeutsche dazu sagen. Aber nein, die Besserwisser aus Costa Rica wollen nicht, dass das so bleibt. Zum Glück hat sich die UNO noch keine Pisa-Tests für Erwachsene einfallen lassen, sonst wären die Blauhelme hier schon längst einmarschiert.

Ich als zweifacher Vater, der täglich mit dem deutschen Schulwesen zu tun hat, kann diese internationale Aufregung gut nachvollziehen. Ich wage schon lange nicht mehr, meine Kinder zu fragen, was sie heute gelernt haben. In der Grundschule machen sie sowieso hauptsächlich »Projekte«, und bei gutem Wetter hopsen sie auf dem Hof herum.

In unserem Bezirk gibt es drei Grundschulen zur Auswahl: die liberale fortgeschrittene Montessorischule, die unheimlich konservative katholische und die ganz normale deutsche demokratische. Bei den Montessoris, so hat man mir erzählt, wird nur dann gelernt, wenn die Kinder Lust auf Unterricht haben. Sie werden jeden Morgen von den Lehrern dazu befragt. Natürlich kommt es dabei auf die Betonung an. Wenn ein Lehrer selbst keine große Lust verspürt, sich mit einer komplizierten Materie auseinanderzusetzen, kann er immer sagen: »Na – heute Lust auf Mathe?« Wenn er es aber mit dem Unterrichten ernst meint, fragt er: »Na? Heute? Lust? Auf Mathe?«

Manchen konservativen Eltern scheinen solche Bildungsgrundlagen zu instabil. Ein Freund von mir entschied sich deswegen für den Hort des rechten Glaubens, die katholische Schule. Er lieh sich bei mir eine Videokamera aus, um die feierliche Einschulung seiner Tochter zu filmen, bekam dort aber ein Drehverbot, weil im Jahr zuvor ein Einschulungsvideo aus dieser Schule auf Kinderpornoseiten im Internet gelandet war. Wir haben uns für die ganz normale deutsche demokratische Grundschule entschieden, über die ich hier kein schlechtes Wort verlieren möchte. Diese Schule hat im Gegenteil Lob verdient. Sie hat alles, was die heranwachsende Generation zum Einstieg in die Erwachsenenwelt braucht – ein Tischtennis-Set, einen Kicker, einen Billardtisch und sämtliche gängigen Computerspiele. Nur ein Tresen fehlt noch und ein Flipperautomat. Doch alle wissen: Berlin hat für Bildung nur noch wenig Geld. Alles fließt in Christopher-Street-Day-Partys, weswegen immer mehr junge Erwachsene immer schlechter Flipper spielen können.

Die Schule macht meinen Kindern großen Spaß. Nebenbei haben sie auch noch lesen, schreiben, rechnen und etliches andere gelernt. Wie die Wissensbestände der Gesellschaft trotz all dem Spaß in den kleinen Köpfen landen, ist mir ein Rätsel. Die Wege des Wissens sind voller Überraschungen. Jemand wie ich, der seinen Schulabschluss in den Folterschulen des sowjetischen Imperiums machte, kann der Verführung des Vergleichs nicht widerstehen. Unser Schulsystem war anders als das hiesige. Viele meiner Landsleute meinen, es sei sogar besser gewesen.

In der totalitären Sowjetunion wurden wir täglich mit sechs Unterrichtsstunden ab der ersten Klasse gedrillt. Im Klassenzimmer hing ein Bild von Lenin statt von Mickymaus. Darunter stand: »Bildung ist alles« und »Lernen, lernen, lernen«. Tischtennis konnte man vergessen, Flipper – ein Fremdwort. Je mehr Bildungsdruck auf uns lastete, desto krasser fiel allerdings auch unser Widerstand aus. Die Streber hatten es bei uns nicht leicht. Auch ich, damals ein überzeugter Kämpfer gegen das totalitäre Regime, zog mutig gegen seinen auswuchernden Bildungswahn zu Felde – auf der letzten Schulbank, mit

dem Rücken zur Wand. Generationen von Bildungs-
verweigerern vor mir hatten auf dieser Schulbank bereits ihren Kampf gegen das Schulsystem in Form
von Sprüchen, Skizzen und obszönen Zeichnungen
verewigt, die sie in das alte Holz ritzten. Die meisten
Bilder hatten die Zeit und Überritzungen nicht über-
standen. Sie wurden unleserlich. Gut zu sehen waren
allerdings ein Transvestit mit übernatürlich langen
Beinen, der wahrscheinlich noch unter Stalin als Di-
rektor unserer Schule vorstand; ein mit einem Mes-
ser durchbohrtes triefendes Herz und der berühmte
»Knopf des Schlafens« mit einer kurzen Gebrauchs-
anweisung: »Den Kopf auf den Knopf pressen und
bis zum Ende des Unterrichts gedrückt halten.« Diesen Knopf drückten mein damaliger Schulbanknach-
bar Pawel und ich fünf Jahre lang, abwechselnd mit
aller Kraft. Bis er in der sechsten Klasse auf eine
Matheschule wechselte, dann für alle überraschend
gleich mehrere Stadt-Olympiaden in Mathematik gewann und als Wunderknabe vorzeitig ohne Aufnah-
meprüfung an der Uni aufgenommen wurde. Nachdem er seinen Doktor gemacht hatte, verzichtete
Pawel auf einen Lehrstuhl am Physikalisch-Techni-
schen Institut zugunsten einer hoch bezahlten Pro-
grammiererstelle im Ausland.

Vor kurzem trafen wir uns im Internet wieder. Ich

gratulierte Pawel zu seiner Karriere und erinnerte ihn an unseren Schulalltag. Er meinte, das Einzige, was er gegenüber seiner alten Schule empfinde, sei ein Gefühl der Demütigung. Seine Worte haben mich ziemlich überrascht. Pawel war ein großes, dickes Kind, dazu noch ein ziemlich aggressives. Er kam gerne seinen Mitschülern und den Lehrern in die Quere und war für die größten Schweinereien verantwortlich, die in unserer Klasse angestellt wurden. So schmierte er zum Beispiel den Stuhlrücken unserer Physiklehrerin mit dem sowjetischen Superkleber *Moment* ein, sodass ihre schicken langen Haare daran klebenblieben und sie sie abschneiden musste. Ein anderes Mal überzeugte Pawel seine Klassenkameraden, dass man die Flüssigkeit aus dem Glas, in dem zu wissenschaftlichen Zwecken Frösche eingelegt waren, trinken konnte. Er erfand die Möglichkeit, den Unterricht um zwanzig Minuten zu verzögern, indem man rechtzeitig eine Nadel in das Türschloss des Klassenzimmers steckte. Alle Kräfte, die ihm nach dem Knopfdrücken auf unserer hintersten Schulbank noch blieben, setzte er in destruktive Handlungen um, die nur einem Zweck dienten: das sowjetische Schulsystem zu sabotieren. Und nun – Demütigung. Er wollte eigentlich ein guter Schüler werden, erklärte Pawel mir, er hätte aber

Angst gehabt, in dem totalitären Bildungssystem von seinen Mitschülern als korrupt und opportunistisch angesehen zu werden. Auch fühlte er sich von seinen Lehrern und Mitschülern nicht für voll genommen. Er hätte sich damals mehr Zuneigung und Verständnis vom Schulpersonal gewünscht. Stattdessen wurde er gleich vom ersten Tag an als schlecht abgestempelt. Ganz anders später in der Matheschule. Dort kannte ihn niemand, und so konnte er seine Möglichkeiten ungehemmt entfalten. Deswegen mochte er an unsere alte Schule nicht gerne zurückdenken. Nur den Schlafknopf hatte er noch in guter Erinnerung und ihn deswegen auch gleich an seinem neuen Arbeitsplatz installiert – als Bildschirmschoner.

TIPP:

Im Osten waren Flipper verboten, weil sie die Botschaft »Konkurrieren macht Spaß« verbreiteten. Und im Westen gibt es heute kaum noch welche, obwohl sich dort eine **Bally**-Niederlassung befindet, die früher immer Künstler für neue Flipper-Spiel-Entwürfe einstellte.

Die Fußballstadt

Mein ehemaliger Nachbar Wan Dong schimpfte über Männer mit Hörnern und Zöpfen, die rudelweise auf dem Alexanderplatz herumliefen. Sie hatten ihn auf Englisch gefragt, wo die Berliner Mauer stehe. Als Wan Dong ihnen erklärte, die Mauer wäre vor sechzehn Jahren abgebaut worden, waren sie enttäuscht.

Ich weiß, viele Bewohner der Hauptstadt würden diese Enttäuschung teilen. Die Mauer mit ihren Schützen in originalgetreuen Uniformen, mit Grenzübergängen, Stacheldraht und politisch motivierten Graffiti gab eine gute Touristenattraktion ab. Auch Wan Dong fand es doof, dass es sie nicht mehr gab.

In Vietnam haben seine Landsleute zum Beispiel die unterirdischen Gänge aus den Zeiten des Vietnamkriegs neu verlegt und sogar wesentlich verbessert. Viele amerikanische Touristen fliegen heute nach Vietnam, um die ehemaligen Schlachtfelder zu besichtigen. Unter anderem wollen sie auch die berühmten unterirdischen Gänge sehen, die die vietnamesischen Kämpfer damals gruben. Doch die alten Gänge waren sehr schmal, kein amerikanischer Tourist passte da hinein, von ganzen Reisegruppen ganz zu schweigen. Deswegen haben die Vietnamesen ihre unterirdischen Gänge extra für die Touristen vergrößert.

Der Umgang meines Nachbarn mit der Weltgeschichte war schon immer äußerst pragmatisch. Alles abreißen und neu bauen, nur besser, so äußerte er sich immer wieder über die Altbauten im Prenzlauer Berg. Früher fragte ich mich jedes Mal, wenn im Fernsehen amerikanische Kriegsfilme liefen, in denen Chuck Norris die Vietnamesen bekämpfte, wie mein Nachbar wohl darauf reagierte und ob ich ihn nicht trösten sollte. Die Streifen zeigten sehr überzeugend, wie ein verlorener Krieg einen dauerhaften Dachschaden bei einer ganzen Nation verursachen kann. Chuck kam im Film eigentlich immer mit guten Absichten nach Vietnam. Er wollte nur seine vietnamesische Exfreundin und ihr gemeinsames Kind retten, die in einem Vietkonglager saßen. Beim Rückzug hatte es im Hubschrauber keinen Platz mehr für die beiden gegeben. Zu Hause in Amerika verkaufte Chuck seinen alten Ford, erwarb dafür einen gebrauchten Helikopter, ein Schlauchboot, ein Maschinengewehr sowie einen Granatwerfer und überfiel damit erneut die sozialistische Republik Vietnam. Diesmal allerdings privat – als Tourist. Er metzelte einige Garnisonen nieder, brannte etliche Dörfer ab und fand schließlich seine Restfamilie. In letzter Sekunde wurde die Frau jedoch immer erschossen. Sie sah nicht wirklich gut aus und hatte in Amerika sowieso nichts zu suchen. Das Kind wurde aber immer mitgenommen.

Ich fragte mich damals, ob mein vietnamesischer Nachbar sich durch diese Filme beleidigt fühlte. Wan Dong kannte Chuck Norris aber gar nicht. Er war kein Freund von Actionfilmen, stattdessen guckte er die ganze Zeit nur Viva und MTV. Besonders fasziniert war er von dem Phänomen Michael Jackson. Mehrmals versuchte er, mich in philosophische Gespräche über diesen Sänger und dessen Lebenswandel zu verwickeln. Einmal haben wir sogar zusammen einen Dokumentarfilm über Michael Jackson angeschaut, der sehr bildhaft erzählte, wie aus einem armen schwarzen Jungen eine reiche weiße Frau wurde.

Der Fußballrummel bei der WM ließ Wan Dong hingegen kalt. Genau wie ich konnte er seinen Lokalpatriotismus bei diesen Spielen kaum befriedigen. Weder Vietnam noch Russland hatten sich für die Fußballweltmeisterschaft qualifiziert. Deswegen fieberten wir ein wenig bei den uns fremden Ländern mit. Er war für Südkorea, ich für die Schweiz.

Die Fußballbegeisterung vieler Berliner konnte ich nicht nachvollziehen. Fußballfieber eines solchen Grades, dass Millionen dahinschmelzen, habe ich erst in Deutschland kennengelernt. Meine Heimat Sowjetunion setzte auf Eishockey, wenn es darum ging, die Welt mit der eigenen Sportlichkeit zu beeindrucken und die Bevölkerung von aktuellen Problemen des Alltags abzulenken. Diese Sportpolitik ließ sich aus der natürlichen Wetterlage des Landes ableiten. Aufgewachsen bei Minustemperaturen, waren meine Landsleute schon immer besonders stark in Sportarten, die mit Eis und Schnee zu tun hatten: Eiskunstlauf, Biathlon, Skispringen und Eishockey. Ausnahmsweise gehörten noch Hürdenlaufen und Hammerwerfen zu den Disziplinen, in denen die Russen traditionell gut abschnitten. Dieses Phänomen ist ebenfalls auf spezifische Lebensbedingungen zurückzuführen.

Doch der Fußball rollt schlecht im Schnee. Natürlich hat auch die Moskauer Jugend gerne bei gutem Wetter die Bälle in Fenster gekickt. Und manchmal, wenn ZSKA gegen Dynamo oder Spartak spielte, droschen vor dem Stadion die Jungs mit rot-weißen Schals und Mützen auf ihre Zeitgenossen ein, die sich mit blau-weißen Schals und Mützen schmückten. Doch diese Sportereignisse verblassten völlig, wenn internationale Eishockeyspiele im Fernsehen übertragen wurden. Diese Sendungen waren Straßenfeger ohnegleichen. Wenn unsere Mannschaft gegen die Profis aus Kanada antrat, sahen die Moskauer Straßen aus wie die Wüste Sahara. Neben den Kanadiern waren die Finnen und Tschechen unsere Hauptgegner, später stießen noch die Amerikaner dazu.

Jedes Kind bekam mit fünf seinen ersten Hockeyschläger geschenkt, präparierte ihn mit dickem Klebeband, krümmte ihn zum richtigen Bogen, und jedes Kind konnte selbstverständlich Schlittschuh laufen.

Hockey war allerdings nicht ungefährlich. Jeder hatte bei uns schon mal mit dem Schläger eins auf den Kopf bekommen und eine Scheibe mit den Zähnen abgefangen. Ich kann sicher nicht für alle Kinder in der Sowjetunion sprechen. Bestimmt gab es auch dort irgendwelche Außenseiter, die in geschlossenen

Internaten unter Beobachtung des Fachpersonals Schach oder Golf spielten, statt auf dem Eis zu laufen. Ich kannte sie nicht. Meine Hockey-Erfahrungen habe ich bis in die späten Achtziger im Stadion unserer Bezirksmannschaft gesammelt, die den Namen »Flügel der Räte« trug. Aus heutiger Sicht ein völlig bescheuerter Name, aber damals fiel das niemandem auf. Das Stadion, das Kulturhaus daneben und sogar die Bushaltestelle davor hießen ebenfalls »Flügel der Räte«.

Im Juli 1990 beschloss ich, zusammen mit meinem Freund Michael nach Deutschland zu fahren. Die DDR existierte damals noch, was uns erlaubte, mit unserem sowjetischen Pass ohne Visum und ohne Ausreisegenehmigung bis nach Ostberlin zu kommen. Die Mauer, die den Osten vom Westen trennte, wurde aber bereits an mehreren Stellen abgebaut. Auf diese Weise entstand ein Zeitloch, das uns sowjetische Bürger geradezu einlud, durch ganz Europa zu trampen. Wir planten eine längere Reise. Wir hatten Freunde in Amsterdam, wir hatten Freunde in Paris, in Berlin kannten wir dagegen kaum jemanden. Unser Plan war deswegen, nur kurz in Berlin zu bleiben und sofort per Anhalter weiterzufahren.

Anfang Juli stiegen wir am Bahnhof Lichtenberg aus dem Zug. Die Stadt kam uns sehr freundlich vor.

Eine feierliche Stimmung herrschte am Bahnhof. Menschenmassen liefen scheinbar sinnlos und betrunken hin und her, schwenkten Fahnen, pfiffen und grölten. Unbekannte Menschen umarmten einander auf der Straße, und Autos hupten ununterbrochen wie bei einer Massenhochzeit.

Zuerst dachten wir, das Ganze habe etwas mit dem Fall der Mauer zu tun. Die Einheimischen konnten es offenbar noch immer nicht fassen, dass ihre Mauer nicht mehr da war, und feierten die Wiedervereinigung mit dem Westen weiter. Wir kauften am Bahnhof Büchsenbier und fuhren mit einem Bus Richtung Westen. Aber auch dort feierten die Menschen ausgelassen ein Fest, dessen Sinn uns verborgen blieb. In mehreren Kneipen wurden wir von wildfremden Menschen aufgefordert, auf Deutschland zu trinken. Dieser Ausbruch von Patriotismus und die ständige Sauferei verwirrten uns. Wir fanden die Stadtbewohner ziemlich schräg. »Wenn es hier jeden Tag so zugeht, dann möchte ich noch eine Weile in Berlin bleiben«, meinte mein Freund Michael.

Erst in der Nacht, als wir eine weit entfernte Verwandte meines Freundes in Schöneberg aufsuchten, um bei ihr zu übernachten, erklärte sie uns den wahren Grund der Feiern. Deutschland hatte an dem Tag in Italien gegen Argentinien 1:0 gewonnen und war

Fußballweltmeister geworden. Dabei war die deutsche Mannschaft schon damals nicht wirklich gut. Es war pures Glück, dass sie es überhaupt bis ins Finale geschafft hatte. Wie der Sieg zustande gekommen war, konnte uns im Nachhinein niemand erklären. Vielleicht war Maradona falsch gedopt oder der Schiedsrichter gut gelaunt gewesen? Genaueres interessierte jedoch niemanden. Als Fußballweltmeister entwickelten die Deutschen in kürzester Zeit ein solches Selbstbewusstsein, dass sie uns sogar eine unbefristete Aufenthaltserlaubnis erteilten, ohne lange nach dem Grund unserer Einreise zu fragen. Eine Woche später sah Berlin natürlich schon wieder ganz anders aus, nicht mehr so farbenfroh und laut. Wir sind aber trotzdem geblieben.

Inzwischen lebe ich schon sechzehn Jahre hier. Unser Haus befindet sich zwischen zwei großen Fußballfeldern, die an keinem einzigen Tag leer stehen. An sonnigen Tagen kann man die Fans sogar von unserem Balkon aus brüllen hören. Bei diesen Spielen geht es, so glaube ich, um die elfte Berliner Liga. Manchmal laufen kleine Kinder dem Ball hinterher, manchmal Rentner. Jede Grundschule, jeder Betrieb und jede Kneipe, die etwas auf sich hält, hat hier eine eigene Fußballmannschaft. Meine Stammkneipe zum Beispiel, in der sowieso nur Sportler, aber auch einige Künstler jobben, verlor neulich gegen »Ausgehende Lichter« aus Cottbus 0:9.

Ich weiß nicht, wie es in anderen europäischen Ländern ist, aber in Deutschland nimmt man den Fußball zu wichtig. Das Gesicht jedes Bundeslandes, jeder Stadt und jedes Bezirks ist sein FC. Die Menschen werden oft nach der Mannschaft bewertet, zu der sie stehen. Manchmal erwische ich auf meinen Lesereisen durch Deutschland eine grüne Welle der regionalen Fußballspiele und lebe tagelang das Leben eines Fußballfans, ohne einer zu sein: versperrte Bahnhöfe, Polizeistreifen, Glasscherben, Züge voller brüllender Fans in bunten Klamotten – jeden Tag in einer anderen Farbe.

Der deutsche Fußball bietet jedem etwas. Die Bürger haben die Möglichkeit entdeckt, ihren regionalen Patriotismus auszudrücken, ohne gleich als Rechte durchzugehen, und die Politiker sehen in ihm eine Chance, die Menschen von ihrer Politik abzulenken und den Laden zusammenzuhalten. Deswegen sind sie auch so fußballfreundlich. Der Exbundeskanzler zum Beispiel wusste genau, wann er im Fernsehen medienwirksam kicken musste. Wenn nichts mehr geht, die Arbeitslosigkeit steigt, die Presse meutert, die Wirtschaft stagniert, reicht manchmal ein einziges Tor, um alles wider ins Lot zu bringen. Sofort steigt der Gesellschaftsklima-Index um zweitausend Punkte.

Für die neue Kanzlerin ist es natürlich problematischer, im Fernsehen zu kicken. Sie hat die falschen Schuhe an. Aber auch sie wird am Fußball nicht vorbeikommen. Ich bin sicher, eines Tages bei der Abendshow unter dem Titel »Bundeskanzlerin trifft sich mit der deutschen Nationalmannschaft« steht auch Merkel medienwirksam im Tor.

Das Fußballfieber ist die graue Eminenz, die dieses Land heimlich regiert. Auch ich habe mich inzwischen angesteckt und schaue mir manchmal Fußballspiele an. Früher waren Sumokämpfe meine Lieblingssendungen bei Euro-Sport: Große dicke Männer drücken einander aus dem Ring und klopfen sich freundlich auf die Schenkel – alles Japaner beziehungsweise von Japan eingekaufte Mongolen. Aber dann kam plötzlich ein Georgier mit stark behaartem Körper. Sein japanischer Gegner verfing sich in seinen Bauchhaaren, ein falscher Schritt, und schon flog er raus. Niemand hatte so richtig bemerkt, was passiert war, trotzdem klatschten alle.

Fußball dagegen kam mir lange Zeit ziemlich zappelig vor. Die Sportler machen viel Lärm, die Fans sowieso, und dabei passiert stundenlang nichts Spannendes auf dem Feld. Mein persönliches Fußballfieber begann erst während eines Familienurlaubs auf Mallorca. Wir hatten ein Zimmer mit Meerblick in einem kinderfreundlichen Hotel gebucht. Aber wie es so oft bei diesen Reisekatalogen ist, hatten sie uns nicht die ganze Wahrheit gesagt. Zwischen dem Meer und unserem Balkon befand sich das Strandcafé *Malibu*. Dort saßen jeden Tag zweihundert Männer vor einer großen Leinwand und brüllten bis tief in die Nacht »Tooor!« oder »Ouhhh!«. Die Europameisterschaft war gerade im Gang, und jedes Mal, wenn Deutschland spielte, konnten wir nicht schlafen. Deutschland spielte oft und war nicht besonders erfolgreich.

»Wenn wir sowieso nicht schlafen, gucken wir uns doch die Spiele an«, beschlossen wir. Als die Spanier gegen die Russen spielten, war es relativ ruhig. Es gab kaum Spanier und außer uns nur einen Russen dort. Dafür bebte die Insel, als Deutschland gegen Holland antrat. Schon eine Stunde vor dem Spiel gab es im *Malibu* keinen freien Platz mehr. Wir hatten uns vorsorglich Plätze reserviert. Also, dieses Spiel, das muss ich sagen, war manchmal fast genauso spannend wie Sumoringen. Ich dachte, die Insel kippt um, als die Deutschen das erste Tor schossen. »Ballack!«, rief der Moderator immer wieder, »Kuranij!«, dazu skandierten alle noch »Ol-li, Ol-li!«. Als die Holländer ihr hinterhältiges Tor erzielten, goss der Rentner an unserem Tisch vor lauter Aufregung sein Bier über meine Hose. Ganz *Malibu* war still, doch plötzlich standen zwei Männer in der Mitte auf und klatschten. Alle haben sie angesehen, als wären es Marsmenschen. Es waren Holländer!

Als die Russen aus dem Turnier ausschieden, sagte der einzige Russe in unserem Hotel: »Immerhin haben wir den Zweiten Weltkrieg gewonnen.« Als Deutschland gegen Lettland antrat, dachten alle im *Malibu*, die Letten würden allein schon aus Höflichkeit verlieren, aus Dankbarkeit dafür, dass sie in die EU aufgenommen wurden und bei dieser EM überhaupt mitmachen durften. Ich kannte aber die Letten und wusste, sie waren noch arroganter als die Franzosen und Briten zusammen und noch sturer als die Deutschen. Sie hatten sich das Ziel gesetzt: kein Tor für Deutschland! und dieses Ziel manisch die ganze Spielzeit über verfolgt. Die Deutschen konnten nichts dagegen machen.

Das ganze Hotel tickte nach dieser EM anders. Als die Deutschen gegen die Tschechen verloren, erschienen nur wenige Gäste am nächsten Morgen zum Frühstück, und niemand ging mehr ans Meer. Ich mag gar nicht daran denken, was hier los sein wird, wenn die Deutschen bei der nächsten EM wie-

der versagen. Dann kann man den Laden dichtma-
chen.

TIPP:

Die meisten Bewohner der Stadt sehen zwar ziemlich un-
sportlich aus, sind aber bereit, etwas dagegen zu tun: Sie
gehen schwimmen (zum Beispiel in einem der tausend Seen
im Umland Berlins, von denen jeder von einer anderen Szene
belegt wird), sie joggen (im Grunewald oder im Tiergarten)
oder sind zumindest Fußballfans. Die Wessis fiebern für
Hertha, die im Olympiastadion spielt. Die Ostberliner können sich mit dieser Mannschaft jedoch nicht identifizieren.
Sie nennen sie verächtlich »alte Tante« und unterstellen
den Hertha-Fans, sie würden ihre Mannschaft nur zu guten
Zeiten unterstützen, sich zu schlechten dagegen nach und
nach abseilen.

Die Ostberliner Mannschaften von 1. FC Union und BFC
Dynamo können Kampfgeist und Willen zum Sieg beweisen
und haben auch viele Fans in der Hauptstadt. Ihr einziger
Nachteil ist, dass sie nicht in der Bundesliga spielen. Deswegen sind die Bürger in Sachen Sport auf sich allein gestellt. Sie
kicken in den Parkanlagen, hinter den Kaufhallen oder einfach
auf der Straße. Es kann sogar sein, dass sie direkt vor dem
Brandenburger Tor als Torwart wahrgenommen werden und
vor der Max-Schmeling-Halle eins in die Fresse kriegen.

Eine der interessantesten Sportanlagen ist das **Stadtbad Oderberger Straße** in der gleichnamigen Straße. Selbst die Nichtschwimmer brauchen dort keine Angst vorm Wasser zu haben, das Becken ist trocken und wird seit fünfzehn Jahren höchstens für Kulturveranstaltungen benutzt.

Handeln und Feilschen in Berlin

Schon oft habe ich von Gegenden gehört, in denen man nicht einmal eine Banane kaufen kann, ohne mit dem Verkäufer zwei Stunden über einen Preisnachlass zu diskutieren; über Orte, wo das Feilschen eine volkstümliche Sitte sein soll. Jemand, der dort nicht handelt, beleidigt den Verkäufer und ruiniert seinen Ruf. Ich hatte immer Pech mit dem Handeln. Wahrscheinlich liegt es daran, dass ich mich ein Leben lang in den falschen Weltgegenden herumgetrieben habe. In meiner sozialistischen Heimat waren alle Preise von der Regierung festgelegt. Der Versuch, sie anzuzweifeln, galt dort als staatsfeindlicher Akt.

Später, im wilden neokapitalistischen Russland, konnte erfolgreiches Handeln sogar lebensgefährliche Folgen haben. Einmal wollte ich in Moskau eine Party für Freunde veranstalten. Ich ging in einen Lebensmittelladen, um groß einzukaufen, und erkundigte mich nach einem Rabatt für Kaviar. Der Manager dieses Ladens strahlte Fröhlichkeit aus und war sofort bereit, mir einen erheblichen Preisnachlass einzuräumen. Er gab der Verkäuferin entsprechende Anweisungen und verschwand im Hinterzimmer. Die Verkäuferin zögerte jedoch, mich zu bedienen.

»Ich rate Ihnen, diesen Kaviar nicht zu kaufen«, sagte sie leise und zwinkerte mir mit einem Auge zu.

»Warum nicht?«, wunderte ich mich.

»Darum nicht!«, antwortete die Verkäuferin und zwinkerte mir nun mit beiden Augen noch geheimnisvoller zu.

»Neulich hat eine Familie aus der Nachbarschaft bei uns eingekauft«, mischte sich ihre Kollegin ein. »Die Mutter war sofort tot, die anderen liegen noch immer auf der Intensivstation.«

»Danke!«, rief ich und lief hinaus an die frische Luft.

Mein Handeln war mir peinlich. Durch die eigene Geschäftstüchtigkeit wäre ich beinahe ums Leben gekommen, nur durch den ehrlichen Einsatz des Personals wurde ich gerettet. Dabei handelten doch die Verkäuferinnen gegen ihre eigenen Interessen! Was lag ihnen an mir?

In den neuen teuren russischen Boutiquen ist der Preis heute umgekehrt ein Qualitätsmerkmal, ein Grund zum Protzen: je höher der Preis, desto zufriedener der Kunde. Kein Neureicher käme auf die Idee, eine Krawatte für dreihundert Dollar zu kaufen, wenn man die gleiche um die Ecke für fünfhundert bekommen konnte.

Ein anderes Mal versuchte ich, im Kaukasus zu feilschen, genau genommen auf dem Berg Elbrus. Erschöpft nach einer dreistündigen Bergbesteigung, erreichten wir, eine Gruppe von leichtsinnigen Touristen, die Mittelebene. Dort standen einheimische Händler, die ihre volkstümlichen Tücher, Decken und Lammfelle verkauften. Niemand von uns hatte Lust, weiter hochzuklettern. Also beschlossen wir, umzudrehen und vorher noch ein Souvenir zu kaufen, das uns für immer an diese anstrengende Reise erinnern sollte. Die meisten kauften preiswerte Teppiche, ich dagegen entschied mich für ein Lammfell, das allerdings teuer war. Die Kaukasier sind doch Orientalen, sie müssen aufs Feilschen bestehen, dachte ich und bat eine Frau, die ein schwarzes Kopftuch trug, um eine Preisermäßigung. Nebenbei bemerkt sahen diese kaukasischen Felle gar nicht so toll aus. Als Beweis meiner Lammfellkenntnis roch ich an einem Fell und schnitt eine besorgte Fratze. Die Verkäuferin lief rot an. Sie riss mir ihr Fell aus der Hand und zischte, unter keinen Umständen, für kein Geld der Welt würde sie mir etwas verkaufen. Außerdem solle ich ihr aus der Sonne gehen, ich würde sie nervös machen. Ich bin dann ohne Lammfell wieder von dem Berg heruntergeklettert.

In Deutschland wird das Handeln und Feilschen dagegen neuerdings sogar gefördert, Rabattgesetze und jahreszeitliche Schlussverkäufe werden gekippt, damit die Bürger das ganze Jahr über grünes Licht für das Feilschen haben. Damit will man den Wettbewerb beleben. Doch trotz aller offiziellen Anstrengungen bleibt das Feilschen auch in Deutschland verpönt. Es ist dem Deutschen nicht bekömmlich, lange zu handeln, denn alles muss seine Ordnung haben und jedes Ding seinen Preis.

Die Berliner verfallen oft in Extreme: Entweder handeln sie gar nicht, oder sie machen sich wegen jedem einzelnen Cent verrückt. Das große Feilschen findet hier nur noch auf Flohmärkten statt, und selbst in diesen Volkstempeln der Marktwirtschaft geht das Handeln oft von der falschen Seite aus: Die Verkäufer drücken die Preise selbst. Gegenüber von unserem

Haus im so genannten Mauerpark, einem Streifen Erde zwischen Ost und West, baut sich jeden Sonntag ein riesiger Flohmarkt auf, der von Woche zu Woche größer wird. Kürzlich erwarb meine Frau dort völlig unerwartet jede Menge Markenkleider für insgesamt zwanzig Euro. Zwei junge Mädchen verkauften ihre Abendkleider von *Kookaï* und *Hugo Boss*. Sie wollten fünfzig Euro für die ganze Garderobe haben.

»Ich würde sie vielleicht für dreißig Euro nehmen«, dachte meine Frau laut nach.

»Nimm sie für zwanzig! Wir können diese Kleider nicht mehr sehen!«, riefen die Verkäuferinnen laut und lachten.

TIPP:

Nirgendwo macht das Feilschen so viel Spaß wie auf dem großen **türkischen Gemüsemarkt** am Maybachufer zwischen Kreuzberg und Neukölln. Lassen Sie sich nicht von den Schreien »Zehn Kilo Bananen für ein Euro!« beeindrucken. Mit genug Ausdauer kriegen Sie dieselben auch für 50 Cents und mit etwas Glück einen Opel Kadett noch obendrauf

Die Kriminalität

Die Kriminalität in der deutschen Hauptstadt stagniert seit Jahren. Die Kriminalstatistik wird hauptsächlich mit Prügeleien, Drogenverkauf, Ehren- und Rufmorden gefüttert. Mal wird ein Fahrrad geklaut, mal die Nachbarwohnung angezündet, mal eine Oma überfahren. Banditen, Gangster, Russenmafia oder Straßendiebe sind selten, und wenn man einem begegnet, merkt man es gar nicht. Die Spezies der Taschendiebe, die zu jeder anständigen Touristenstadt gehört, ist in Berlin fast ausgestorben, weil die Berliner und die Gäste der Hauptstadt nur Müll in ihren Taschen haben: Taschentücher, Lippenstifte, Wohnungsschlüssel, Zigaretten oder Tabak. Manchmal befinden sich noch angebissene vertrocknete Brezeln und nicht bezahlte Stromrechnungen in ihren Taschen.

Einen Batzen Geld in einer Berliner Tasche zu finden ist wie ein Jackpot im Lotto, hat mal ein Taschendieb erzählt. Er erwischte höchstens einmal eine billige Fotokamera oder ein Handy. Doch selbst die Handys werden ungern geklaut, weil eine Gaunerlegende besagt, dass die Apparate permanent ein Signal von sich geben, selbst dann, wenn man die SIM-Karte austauscht und die Akkus entfernt. Auf diese Weise kann jedes Handy schnell geortet werden – typisch Überwachungsstaat.

Diebstahl lohnt sich also in Berlin nicht, ganz anders als zum Beispiel in Lissabon. Dort waren wir neulich schon gleich am ersten Tag unsere Tasche los. Ich hatte mir den portugiesischen Reiseführer »Die Metropole am Atlantik. Abseits der Touristenwege« für die Reise gekauft und daraus für den ersten Tag unseres Aufenthaltes die Route »Weg 1. Lissabon im Überblick« ausgewählt. (Nebenbei gesagt, stand in diesem Reiseführer auch, dass die Lissabonner Kriminalität seit Jahren stagniert und kaum zu bemerken ist.)

»Am oberen Ende von der Rua Garett befindet sich

das älteste Café der Stadt, *A Brasileira*. Jeder, der Lissabon wirklich kennen lernen will, sollte dort unbedingt einen Espresso, ein Glas Vino Verde oder frisch gepressten Orangensaft bestellen.«

Das hörte sich gut an, das wollten wir uns auf keinen Fall entgehen lassen. Das Café war gefüllt mit Touristen, die wahrscheinlich alle den gleichen Abseits-Reiseführer gekauft hatten. Ich rieb mir kurz die Augen, verlor für eine Sekunde den Überblick über Lissabon, schon war unsere große Berliner Handtasche weg. Taschentücher, Lippenstift, eine billige Fotokamera, eine Geldbörse mit dem Bild der heiligen Maria und 200 Euro in bar – alles weg.

Der Bedienung im Café *A Brasileira*, die gerade eben noch in einwandfreiem Deutsch mit uns geredet, eine Bestellung aufgenommen und sorgenvoll gefragt hatte, ob wir auch was zu essen haben wollten, verschlug es vor Aufregung alle Deutschkenntnisse. Sie verstand plötzlich nur noch Portugiesisch. Im Übrigen wunderte sie sich sehr über das Fehlen der Tasche und erklärte uns, dass sie einen solchen Unfug, dass in Lissabon jemand einem anderen etwas wegnehmen würde, eigentlich zum ersten Mal sähe. Dann rief sie aber doch die Polizei.

Diese erschien innerhalb von dreißig Sekunden, als hätte sie den ganzen Tag nur auf uns gewartet.

»Die stecken doch alle unter einer Decke«, argwöhnte Olga, meine Frau, sofort.

Die zwei schweigsamen portugiesischen Polizisten nahmen uns mit zum wunderschönen Rossio-Platz, unserem zweiten geplanten Anlaufpunkt auf dem »Weg 1. Lissabon im Überblick«. Dort, in einem Porzellanladen in einem kleinen Hinterzimmer mit großen Schaufenstern, befand sich das Polizeirevier. Es war anscheinend spezialisiert auf die ausländischen Gäste der portugiesischen Hauptstadt, die sich auf den Reiseführer »Metropole am Atlantik. Abseits der Touristenwege« verlassen hatten. Die Polizisten hatten viel zu tun.

An fünf Tischen saßen sie – mit mehreren angenähten Staatsfahnen auf ihren Hemden. Jede Fahne stand für ein Land, dessen Sprache der jeweilige Polizist beherrschte. Es gab einen mit zwei, einen mit drei und einen sogar mit fünf Fahnen. Letzterer sah jedoch sehr müde aus. Vor ihnen saßen und standen jede Menge verstörter Menschen aus der ganzen Welt. Zwei Mädchen brachen synchron alle zwei Minuten in Tränen aus. Junge Männer ballten aggressiv die Fäuste und warfen böse Blicke um sich. Ein Australier hob und senkte immer wieder beide Hände. Zuerst dachte ich, er würde eine Art Yoga machen, um sich zu beruhigen. In Wirklichkeit bemühte sich der Mann jedoch, der portugiesischen Polizei noch einmal deutlich zu machen, was genau ihm geklaut wurde. Nach seinen Bewegungen zu urteilen, war es etwas sehr Großes und ziemlich Rundes, wie ein großes Kuchenherz.

Vor uns saßen zwei Spanier, die wie Profikiller aus Hollywood aussahen, gefährlich und muskelbepackt. Aber auch sie waren Opfer, ihnen hatte man alles geklaut, sogar den Reiseführer.

Wir wählten den einzigen Polizisten mit der deutschen Fahne auf dem Hemd und nahmen mit ihm zusammen das Protokoll auf: schwarze Tasche aus Berlin, Inhalt ein Handy, eine Packung Papiertaschentücher, eine alte Fotokamera, Ausweis, Wohnungsschlüssel, eine Packung Kaugummi, eine Geldbörse mit dem Bild der heiligen Maria und zweihundert Euro.

Der freundliche Polizist erklärte uns, dass Diebstähle in Lissabon so gut wie unbekannt seien, und wenn doch einmal einer vorkäme, würden die geklauten Sachen zu neunzig Prozent schnell wieder gefunden. Unserer Tasche gab er sogar eine neunundneunzigprozentige Chance. Und seine Voraussage bestätigte sich. Gleich am nächsten Tag rief jemand bei uns im Hotel an und hinterließ eine Nachricht: Wir sollten schleunigst unsere Tasche am Rossio-Platz abholen. Wir gingen erneut zum Porzellanladen, wo sie hinter dem großen Schaufenster tatsächlich lag. Die Taschentücher, die Schlüssel, das Handy, sogar die Geldbörse mit dem Bild der heiligen Maria – alles war da, außer unserem Geld und dem Fotoapparat. Auch unsere Talismane, die meine Frau immer in der Tasche hat, waren verschwunden: die Kugel, mit der ihr Vater einst zur Selbstverteidigung einen Bären erschoss, und der kleine Stein der Weisen, der mir so lange erlaubt hat, amüsante Geschichten aufzuschreiben. Na und? Ich schreibe trotzdem weiter. Dem Dieb werden unsere Talismane kein Glück bringen, denke ich.

Im Übrigen waren wir von Lissabon beeindruckt und empfanden auch für die Diebe Verständnis. Man kann solche Ereignisse nicht aus dem Kontext herausgelöst verstehen. Die Arbeitslosigkeit ist in Portugal sehr hoch, statt Öl fördern sie Portwein, aber der ist nicht jedermanns Sache. Deswegen spielen die Portugiesen wie verrückt Lotto – als wüssten sie nicht, wie sie sonst an Geld kommen könnten. Leider verlieren sie ständig. Der portugiesische Jackpot beläuft sich daher derzeit auf mehrere hundert Millionen Euro – und keiner kann ihn knacken. Außerdem ist es in diesem Land fast immer sonnig. Ein unglaublich starkes atlantisches Licht taucht die

Stadt Tag für Tag in Rosa und Gold. Unter solchen Umständen könnte selbst der ehrlichste Mensch zum Taschendieb werden. Im trüben Berlin könnte so etwas kaum passieren – im Gegenteil: Hier können Sie mit Ihrer Tasche um sich schmeißen, solange sie wollen, von mir aus mitten im Menschengetümmel am Potsdamer Platz. Keine Sau wird sie klauen. Und wenn, würde kein Berliner Polizist einem versprechen, dass man sie wiederkriegt, erst recht nicht zu »neunundneunzig Prozent«. Und falls doch, wird Ihre Tasche trotzdem für immer in Berlin verschwunden sein.

TIPP:

Innerhalb von drei Jahren haben wir fünfmal in den **Hackeschen Höfen** zwanzig Euro gefunden. Sollten Sie dort ebenfalls fündig werden, können Sie das gefundene Geld gleich gegenüber in den zahllosen Geschäften der S-Bahn-Bögen am **Hackeschen Markt** wieder auf den Kopf hauen.

Berliner Touristen

Vor einiger Zeit steckte ich mit dem Taxi im Stau auf einer Brücke fest. Alles hupte um uns herum. Die Querstraße war von großen Touristenbussen versperrt.

»Verdammte Arschlöcher«, schimpfte der Taxifahrer. »Is det Venedig hier, oder wat?«

Die »verdammten Arschlöcher!«, etwa zwei Dutzend Männer und Frauen, standen direkt neben unserem Wagen und folgten den Anweisungen ihres Reiseführers.

»Schauen Sie bitte nach links«, sagte der Reiseführer. »Dort sehen Sie den Palast der Republik, ein typisches Bauprojekt der sozialistischen Architektur. Nach der Wende stellte sich heraus, dass der Palast asbestverseucht war.«

»Hui!«, hielt die Gruppe den Atem an. Von dem gefährlichen Asbest, der Hauptdroge des Sozialismus, hatten sie alle schon gehört.

»Der Palast kann aber in absehbarer Zeit nicht abgerissen werden, weil er ein unverzichtbares Gleichgewicht darstellt mit dem – schauen Sie bitte nach rechts – Berliner Dom«, fuhr der Reiseführer fort. »Wenn man also den Asbest-Palazzo sprengt, bricht auch der Dom in sich zusammen. Deswegen werden beide Gebäude nun langsam, Stück für Stück, auseinandergenommen, um die Balance nicht zu gefährden. Der Berliner Dom wird danach wieder neu aufgebaut, und an Stelle des ehemaligen Palastes der Republik…«

Der Stau löste sich auf, wir fuhren weiter.

Ich muss auch einmal so eine Stadtrundfahrt machen, überlegte ich. Diese Touristen wussten anscheinend mehr über die Stadt und ihre Zukunft als ich. Einige Touristen notierten sich sogar Informationen, die ihnen besonders interessant vorkamen. Wie würden diese Notizen wohl aussehen? »Habe heute in Berlin auf einer Brücke Asbest inhaliert. Voll geiler Kick. Danach Kopfschmerzen, Hunger, Durst.«

In der letzten Zeit treffe ich überall auf Touristen, sogar in den entlegensten Winkeln Ostberlins. Dort, wo es überhaupt nichts mehr gibt, weder Brücke noch Dom. Neulich war ich Zeuge, wie eine Gruppe Japaner in Friedrichshain eine halbe Stunde lang einen Betonmischer beobachtete. War es vielleicht ein besonderer Betonmischer? Drehen sich die Dinger in Japan vielleicht andersherum? Ist das eine Zeile im Reisetagebuch wert? »Gestern in Berlin, habe Asbest inhaliert, danach halbe Stunde lang Betonmischer beobachtet. Anfangs leichte Halluzinationen, kleine rote Sternchen, später Müdigkeit, Erschöpfung.«

Nicht nur die Taxifahrer, auch viele meiner Bekannten meckern über die Touristen. Ich aber mag sie. Ich zeige ihnen gerne, wie sie da und dort hinkommen, auch wenn ich den richtigen Weg selbst nicht kenne.

»Wohnen Sie wirklich hier?«, fragen sie mich.

»Ja«, antworte ich, »und wie! In fünfter Generation!«

Sie wundern sich. Der Alltag des einen ist das exotische Abenteuer des anderen. Man kommt sich dabei selbst wie eine Sehenswürdigkeit vor.

Während sich die Touristen in Berlin hauptsächlich an, auf, hinter, vor und zwischen den Baustellen austoben, gehen sie in Moskau als Erstes in die Lebensmittelgeschäfte, die sie anscheinend sehr exotisch finden. Sie kaufen dort kiloweise Sachen ein, die sie nie benutzen werden. Außerdem stellen sie Fragen. »Warum heißen diese Papirossy ›Belomorkanal‹?« – »Und wieso heißt diese rosarote Wurst ›Laienwurst‹?« – »Woraus wird Laienwurst eigentlich gemacht?« – »Und warum heißt diese Seife ›Wohin Lenin überall kam‹?« »Warum, warum, warum?«

»Darum«, wehren sich die Russen.

»Schmeckte denn früher wirklich alles besser?«, lassen die Touristen nicht locker. »Oder nicht doch alles schlechter?«

»Ah ja«, winken die Russen ab, »wissen Sie, am liebsten essen wir Obst und Gemüse aus dem eigenen Garten. Kartoffeln, Möhrchen, Zwiebeln …«

»Und warum keine Radieschen?«, haken die Ausländer nach.

»Verpisst euch!«, regen sich die Russen auf.

Die Touristen notieren: »Gestern in Moskau. Papirossy der Marke *Belomorkanal* inhaliert. Danach eine *Laienwurst* gegessen. Erste zehn Minuten absolute Euphorie, danach die ganze Nacht gekotzt. Schlimmer als Asbest, diese Papirossy! Die Russen sind seltsam. Mögen keine Radieschen.«

Was wäre unsere Welt ohne die Touristen, die sich für alles interessieren, allem nachforschen und alles hinterfragen. Wer, wie, was, warum – wer nicht fragt, bleibt dumm.

In ihren Notizen lebt die Welt wieder auf.

TIPP:

Eine der größten Berliner Sehenswürdigkeiten ist der Rückbau des **Palasts der Republik** und der Wiederaufbau des **Stadtschlosses** an derselben Stelle, das schon 1448 beim Neubau auf Kosten der Bürger für großen Ärger sorgte – der als »Berliner Unwille« in die Geschichte einging.

Gegen einen geringen Aufpreis können Sie sich heute an den Abrissarbeiten beteiligen und den einen oder anderen Betonbrocken als Souvenir mit nach Hause nehmen.

Unterwegs in der Sonnenstadt Berlin

Zwei Jahre lang war ich beim ZDF beschäftigt. Beinahe jede Woche zogen wir mit einem Kamerateam durch die Stadt, um für das Frühstücksfernsehen die Berliner bei der Erfüllung ihrer täglichen Pflicht als Hauptstadtbewohner zu filmen. Die Themen sollten leicht und entspannend sein: Sonne, Kneipen, Restaurants, Grillpartys. So entstand auch die Idee, im Restaurant *Käfer* zu drehen, das sich in der Glaskuppel des Reichstags befindet. Meine Redakteurin Ulrike hatte gelesen, dass dieses Restaurant keine ausländischen Produkte mehr anbot und sich stattdessen für die gute deutsche Küche einsetzte. Statt

Prosecco wurde dort Sekt aus Baden angeboten, statt Grappa Trester – alles teuer und fein.

Wie jeder echte Berliner war ich noch nie in der Reichstagskuppel gewesen. Ich hatte sie nur einmal im Fernsehen gesehen und dabei den Eindruck gewonnen, dort würden die Leute Tag und Nacht Schlange stehen. Aber als wir uns zum verabredeten Termin dort oben trafen, war gar nichts los. Der Restaurantmanager war sehr freundlich, er hatte für uns einen Tisch mit Ausblick auf das Kanzleramt reserviert. Ich hatte den ganzen Tag noch nichts gegessen, und die Gerüche aus der Küche verstärkten meinen Hunger. Laut Drehplan sollte ich irgendetwas von der Karte bestellen und dabei etwas über die deutsche Küche sagen. Wir hatten nicht viel Zeit. Bald würde eine große Touristengruppe aus einem weit entfernten Land kommen, erklärte uns der Manager.

Ich beriet mich mit dem Kellner. Beelitzer Kaninchen seien alle, und Zicklein auf Leipziger Allerlei würde zu lange dauern, meinte er. Chiemsee-Renke auf der Haut gebraten gehe dagegen ganz schnell. Ich wusste nicht, wer oder was das sein sollte, es war mir aber auch egal. Also bestellte ich die Chiemsee-Renke. Die Kollegen bauten ihre Kamera vor dem Tisch auf. Der Kellner kam mit dem Teller – es lag ein Fisch darauf.

»Hier, bitte schön, Chiemsee-Renke auf der Haut gebraten«, sagte er.

»Vielen Dank!«, sagte ich und nahm die Gabel in die Hand.

»Noch nicht essen!«, rief die Redakteurin. »Das Licht ist nicht gut. Wir müssen das wiederholen. Würden Sie dem Herrn den Teller noch einmal bringen?«

»Jawohl«, sagte der Kellner.

Die Chiemsee-Renke schwamm zurück in die Küche.

»Kamera läuft!«

»Bitte sehr, der Herr, hier die Chiemsee-Renke auf der Haut gebraten mit Salzkartoffeln und Knoblauch!«

»Vielen Dank, her damit!«, rief ich verzweifelt. Mir lief die Spucke im Mund zusammen.

»Die Akkus sind leer, wir müssen noch mal«, sagte Ulrike. »Nehmen Sie bitte den Fisch weg!«

Nachdem ich die Chiemsee-Renke fünfmal empfangen und gleich wieder verabschiedet hatte, merkte ich, dass ich mich nicht mehr richtig auf den Text konzentrieren konnte.

»Bitte sehr, hier ist die Chiemsee-Renke«, sagte der Kellner zum sechsten Mal.

Schweigend nahm ich ihm den Teller aus der Hand

und aß den Fisch in Sekundenschnelle auf. Er war nicht mehr warm, schmeckte aber noch ganz gut, glaube ich. Die Kollegen hinter der Kamera vernichteten mich mit Blicken.

»Entschuldigung«, sagte ich, »ich konnte nicht anders. Es war ein Reflex. So. Jetzt können wir drehen, was war noch mal das Thema?«

Für den Rest der Sendung konzentrierten wir uns auf die Getränke. Die deutsche Küche ließ sich auch mit einem Glas guten deutschen Weins, deutschen Sekts und deutschen Kräuterlikörs erklären.

Danach fuhren wir in den Tiergarten, um ein paar Berliner beim sommerlichen Grillen zu erwischen. Ich war noch nie im Tiergarten, habe ihn aber schon oft im Fernsehen gesehen und hatte den Eindruck gewonnen, dort sei immer was los. Aber an dem Tag, als wir dort auftauchten, wirkte der Park wie ausgestorben. Vergeblich irrten wir über die Wiesen auf der Suche nach Grillern. Erst in der Nähe der Siegessäule fanden wir die ersten Menschen. Ein paar Dutzend Männer lagen dort im Gras, die meisten hatten kein Höschen an, beziehungsweise zogen sich aus, als sie uns mit der Kamera kommen sahen. Sie machten alle einen ziemlich entspannten Eindruck. Nur: Sie grillten nicht. Einige sahen unterernährt vegetarisch aus, so als würden sie schon seit Weihnachten hier liegen.

Wir machten ein paar Bilder von der Runde, für alle Fälle, und zogen weiter durch den Tiergarten auf der Jagd nach grillenden Berlinern. Vor dem Haus der Kulturen der Welt saß eine Gruppe Thailänder, die uns freundlich begrüßte, lächelnd ihre gegrillten Steaks mit großen Stäbchen aß und sich dabei filmen ließ. Später im Wald trafen wir noch auf einige türkische Mitbürger, die auf einer Wiese einen großen Grill aufgebaut hatten und auch gern gefilmt werden wollten. Sie stellten eine Großfamilienidylle dar. Die Frauen deckten den Klapptisch, die Männer standen am Feuer und drehten die Spieße, die Kinder spielten Fußball.

»Merkwürdig, dass die Türken auch in ihrer Freizeit grillen«, bemerkte der Kameramann.

Abschließend trafen wir sogar ein paar grillende Russen. Sie wollten nicht gefilmt werden und erklärten uns umständlich: »Die Frau neben mir ist nicht meine Frau. Und die andere Frau, die gerade Holz sammeln gegangen ist, ist die Frau von einem guten Freund, der aber heute nicht da ist. Und wenn meine Frau mich im Fernsehen mit einer anderen Frau sieht, dann wird es Ärger geben, verstehen Sie?«

Anderes Volk, andere Sitten dachten wir und packten unsere Technik ein. Im Großen und Ganzen hat mich der Grillplatz Tiergarten nicht wirklich beeindruckt.

Es gab dort viel zu wenig Qualm. Der größte Berliner Grillplatz befindet sich nämlich nicht im Westen, sondern direkt vor meinem Fenster an der Grenze zwischen Wedding und Prenzlauer Berg. Eigentlich leben wir hier in einer paradiesischen Landschaft, dort, wo früher die Mauer verlief. Heute ist an Stelle des ehemaligen Todesstreifens eine Parkanlage mit mehreren Kinderspielplätzen entstanden. Es gibt also viel Grün vor unserem Haus. Wenn das Wetter gut ist, öffne ich alle Fenster, dann riecht es in der ganzen Wohnung – aber nicht nach Blumen, sondern nach Grillwurst. Der Platz vor unserem Haus ist nämlich ein besonderer Ort. Dort stehen Erlaubt-Schilder – ein Unikum in Deutschland. In der Regel trifft man hier überall nur auf Verbots- und Mahnschilder. Auf die Idee, den Bürger auf etwas hinzuweisen, was erlaubt ist, muss man erst einmal kommen. Auf unserem Platz stehen »Grillen erlaubt«-Schilder.

An manchen Abenden denke ich, dass wir das zweifelhafte Glück haben, am einzigen Grillplatz dieser Stadt zu wohnen. Hunderte von Feuern brennen in der Dämmerung, und der Himmel ist mit Qualmwolken bedeckt. Man hört die Menschenmassen schmatzen, glucksen, lachen und stöhnen, als hätten Dschingis Khans Horden auf ihrem Eroberungszug durch Europa kurz vor unseren Fenstern Halt gemacht, um sich ein paar leckere Pferde zum Abendessen zu braten.

Ungefähr in der Mitte unseres Grillplatzes verläuft eine unsichtbare Mauer, die West- und Ostgriller voneinander trennt. Die Bewohner aus dem Wedding grillen auf der westlichen Seite des Platzes. Es sind in der Regel große türkische Familien, bestehend aus zwei Männern, fünf Frauen und zehn Kindern. Das Grillen scheint bei den Westgrillern eine heilige Zeremonie zu sein, es gleicht einem Opferfest. Bei gutem Wetter fangen sie schon am frühen Vormittag mit den Vorbereitungen an und bauen aufwändige Grillanlagen, Tische, Stühle, Bänke und Zelte auf. Manchmal bringen sie sogar Fernsehgeräte mit, so als wollten sie ihre ganze Wohnung eins zu eins unter freiem Himmel nachbauen. Zuletzt, wenn die Kohle glüht, werden die toten Tiere ausgeladen.

Auf der östlichen Seite grillen alte Studenten. Sie versammeln sich auch gerne in großen familienähnlichen Gruppen – fünf Männer, drei Hunde, zwei Frauen, ein Kind. Ihre Grillausstattung ist asketisch: ein paar Kisten Bier, eine Gitarre und ein Spielzeuggrill für Magersüchtige zum Preis von vier neunundneunzig. Sie sind ganz sicher keine Gourmets, dafür können ihre Frauen alle jonglieren.

Gegen dreiundzwanzig Uhr wird auf der westlichen Seite das letzte Lamm geschlachtet, die Männer auf der östlichen Seite liegen im Gras, die Köpfe auf Grilldeckeln, und schauen in den Himmel, die Frauen werfen ihre Kegel und Kugeln in die Luft, die in der Dämmerung leuchten. Ich kann dieses herrliche Bild jeden Abend von meinem Balkon aus beobachten. Wenn wir mit unseren Kindern tagsüber auf dem Platz Frisbee spielen, rutscht uns die Scheibe nach fünf Minuten aus der Hand, so fettig ist dort das Grün. Dafür komme ich viel besser mit Tieren klar, seit ich an diesem Ort wohne. Ob ich einkaufen oder spazieren gehe, jedes Mal laufen irgendwelche fremden Hunde mit herausgestreckter Zunge hechelnd hinter mir her. Kaum bleibe ich stehen, schon leckt einer von ihnen meine Schuhe ab. Ich glaube, es liegt am Geruch. Sie denken, ich habe eine verbrannte Wurst in der Hosentasche.

TIPP:

Wenn Sie im **Tiergarten** spazieren gehen, kann es Ihnen passieren, dass Sie von einer türkischen, polnischen, koreanischen, arabischen oder griechischen Grillgesellschaft eingeladen werden. Die Höflichkeit gebietet es, nicht mit leeren Händen dazustehen. Deswegen sollte man auf alle Fälle immer ein paar Hühnerbeine in der Tasche haben.

Die thailändischen Grillgesellschaften treffen sich am Wochenende im Park am **Fehrbelliner Platz**. Dort muss man das Essen zahlen, wenn man sich einlädt.

Berliner Ökonomie

Jede Großstadt braucht außer Kneipen, Einkaufs-
zentren und Parkanlagen auch ein bisschen Wirtschaft. Ganz ohne Wirtschaft könnten die Bürger an
den zahlreichen Attraktionen der Hauptstadt nur be-
dingt teilnehmen: Sie hätten nicht genug Geld. Berlin
hat kaum noch Wirtschaft, und deswegen müssen
sich hier viele mit den skurrilsten Beschäftigungen
durchs Leben schlagen. Meine Freunde, die in Berlin
studieren, nehmen zum Beispiel oft ausgefallene Ar-
beitsangebote im Dienstleistungsbereich an, wo sie
dann allerhand Abenteuer erleben, ein wenig Geld
verdienen und mir anschließend alles erzählen, damit

ich darüber schreiben kann, was mir wiederum etwas einbringt. So kommen wir alle über die Runden.

Neulich suchte die studentische Jobvermittlung der FU drei russische Männer mit kräftigen Stimmen. Unser Freund Stasik, der bei der Russendisko immer am lautesten schreit, meldete sich sofort zusammen mit zwei anderen BWL-Studenten. Die drei sollten auf einem alten sowjetischen U-Boot einen Schiffbruch auf Russisch vertonen. Das Original-Kriegsschiff wurde anschließend in einem Seefahrtmuseum in der Nähe von Rostock ausgestellt. Und jedes Mal wenn nun eine Touristengruppe das Innere des Schiffes betritt, geht das Geschrei meiner Freunde los. Die Besucher des U-Boots sollen von den Stimmen der drei russischen Studenten erschreckt werden. »MG10 in Position bringen! Täuschkörper abwerfen! Wassereinbruch! Wir gehen unter!«, schrie dazu Stasik einen halben Tag lang im Tonstudio. Als er mir das erzählte, war seine Stimme noch immer rau. Er klang wie Leonard Cohen und konnte nur flüstern, was ihn als Mensch in ein ganz neues Licht tauchte. Doch im Großen und Ganzen war er mit dem Job zufrieden. Besonders faszinierte ihn das ihm vorher unbekannte Wort »Täuschkörper«, das er sofort zu seinem neuen Lieblingsschimpfwort erkor.

Ein anderer Freund von uns, Gena, fand einen Job

an der Bar eines Restaurants der verschärften Sinne: *Nogti Vagus*, im Volksmund »Blindenrestaurant« genannt. Dort wird in absoluter Dunkelheit gegessen. Niemand weiß, was vor ihm auf dem Teller liegt, wer neben einem sitzt und wie dieses Lokal überhaupt aussieht. Abgesehen von seiner taktilen Arbeit an der Theke, muss Gena auch noch die Kunden, die zum ersten Mal in das Restaurant kommen, einweisen und ihnen alles mit einer besonders einschmeichelnden Stimme erklären. »Die Welt des Alltags verblasst… Die Welt der Sinne öffnet ihre Tore… Sie spüren eine unbekannte Kraft… Ihnen wächst ein drittes Auge auf der Stirn…« Gena zuliebe waren wir schon mehrmals in diesem Restaurant und wissen inzwischen die wirklichen Vorteile eines stockfinsteren Speisesaals zu schätzen: Man kann nach allen Seiten kleckern, mit beiden Händen essen, dem Nachbarn das Glas klauen und von seinem Teller kosten sowie wildfremde Menschen, zum Beispiel aus Bayern, sexuell belästigen. Mit einem Wort: sich allen Spaß erlauben, den man immer schon in einer öffentlichen Gaststätte haben wollte, aber sich im Hellen nicht traut. Gena scheint mit seinem Job auch zufrieden zu sein. Er will sich eine Infrarotbrille zulegen, kann aber auch so schon Einiges über das Blindenrestaurant erzählen.

Überhaupt blühen immer ulkigere Dienstleistungen in Berlin auf. Alle wollen irgendetwas verkaufen, nur Käufer gibt es nicht genug. Neulich sprachen mich zwei sympathische Punkerinnen auf der Schönhauser Allee an.

»Hast du eine Freundin?«

»Ja, eigentlich schon«, antwortete ich verlegen.

»Toll, dann kannst du uns für deine Freundin ein paar Sachen abkaufen«, meinten sie. »Wie wäre es mit einem Slip oder mit Nivea-Creme?«

Sie machten ihre Tüten auf – voll mit Frauensachen. Vielleicht hatten die Mädels gerade eine halbe *Schlecker*-Filiale ausgeraubt? Ich kam gerade aus dem Blindenrestaurant und war etwas knapp bei Kasse, deswegen wurde aus dem Slip-Schnäppchen nichts. Trotzdem, fand ich, eine tolle Dienstleistung.

In Prenzlauer Berg darf man sogar bei *McDonald's* rauchen. Die jungen Leute schwänzen dort die Schule, die älteren Herren mischen ihr mitgebrachtes Bier mit Jägermeister. Ein halbes Jahr lang wurde neben dem *McDonald's* kräftig gebaut. Baugerüste versperrten den Fußgängern den Weg, und man hörte die Bauarbeiter hinter dem Holzzaun jeden Tag in einer anderen Sprache fluchen. Meine Frau und ich, wir waren sehr gespannt. Gelegentlich guckten wir neugierig durch die kleinen Löcher des Zauns. Etwas

Neues wurde dort aus dem Boden gestampft. Das
Neue war hellgrün und sah ziemlich modern aus.
Dann verschwanden die Kräne eines Tages, das Bau-
gerüst wurde abgebaut – und ein Ärztehaus stand auf
der Schönhauser Allee mit einer Physiotherapeuten-
Praxis namens »Rückenwind« und einem »Albert-
Schweitzer-Döner« im Erdgeschoss. Anfangs hatten
wir große Zweifel, ob das gut gehen konnte. Doch
das Verhalten der Bewohner auf der Schönhauser
kann niemand vorhersagen. Zuerst standen sie vor
dem Imbiss Schlange, um einen Döner zum Eröff-
nungspreis von neunundneunzig Cent zu ergattern.
Anschließend ließen sie sich von freundlichen Therapeuten massieren.

Man hat sich eben schon daran gewöhnt, dass
bei uns nur die verrücktesten Geschäftsideen eine
Chance haben. In unserem Wohnhaus zum Beispiel
standen lange Zeit die Gewerberäume leer, nachdem ein Aufkleberladen darin gescheitert war. Die
Hausverwaltung zeigte sich wählerisch. Sie wollte
nicht irgendeinen Laden mit Alltagsbedarf herein-
lassen und wartete geduldig auf den Volltreffer. Das
Warten hat sich gelohnt. Seit drei Monaten haben
wir nun einen Gummibärchenladen im Erdgeschoss.
Dort werden rote, schwarze und gelbe Gummibärchen verkauft, und zwar ausschließlich in Kilopa-

ckungen. Man kann auch einen einzigen Gummibären kaufen, der aber auch ein Kilo wiegt – der ultimative Spaß zum Naschen für die ganze Familie. Meine Frau und ich, sogar unsere Kinder, waren von dieser Geschäftsidee überrascht. Das kann doch nicht funktionieren, dachten wir. Nun, nach einigen Monaten müssen wir gestehen, dass wir unrecht hatten. Das Geschäft brummt. Es scheint, als ob alle Anwohner eine Gummibärchensucht entwickelt haben. Sie kaufen sie kiloweise, der Laden ist ständig voll.

Neulich habe ich mit der Besitzerin gesprochen. Fünf Paletten wöchentlich gehen bei ihr über den Verkaufstresen. Sie erklärte sich ihren Erfolg mit der ungeheuren Gummibärchenqualität, da die Bärchen anders als sonst ohne Konservierungsstoffe und ohne Zucker aus purem Waldbeerensaft gemacht werden. Ich glaube inzwischen sogar, dass dieser feine, teure Biogummibärchenladen alle anderen Geschäfte auf unserer Straße überleben wird. Die Videoverleihe ziehen irgendwann weg, *McDonald's* brennt ab, die Lebensmittelgeschäfte schließen, sogar im Ärztehaus geht früher oder später das Licht aus. Aber die Gummibärchen werden mir nach wie vor von ihrem Werbeplakat entgegenlächeln, wenn ich nach Hause komme.

Die einzig ernste Konkurrenz für sie ist der Ramschladen »Jedes Teil nur 55 Cent«, den es auch schon seit Ewigkeiten bei uns gibt. Anfangs fragte ich mich: Wer kauft diesen Quatsch? Flaschenöffner, die nichts öffnen, Plüschananas, Plastikblumen? Es muss doch einen geheimen Sinn geben, der den neugierigen Konsumenten dorthin treibt und ihn manchmal stundenlang in den Regalen stöbern lässt.

»Wozu gehören eigentlich all diese Teile?«, fragte mich einmal mein vierjähriger Sohn und lieferte mir mit dieser Frage den Schlüssel für meine »55-Cent-Theorie«. Natürlich gehören alle Teile zusammen! Man muss nur die richtige Anschlussware finden. Wie können ein Schmetterlingsnetz, ein Papiermesser, ein Seil und Pokémon-Abziehbilder zusammenpassen? Wer das begreift, rettet womöglich die Welt. Eine Wundermaschine wird dabei herauskommen, die alle Kriege unnötig macht, die Arbeitslosenstütze verdreifacht, die Welt zum Blühen bringt. Die Iraker werden sich von alleine demokratisieren, die Amerikaner ihre Waffen einmotten, und die Gummibärchen wird es umsonst geben. Gut und Böse schließen Frieden und gehen gemeinsam zu *McDonald's*, um einen Jägermeister zu trinken, und alles für nur fünfundfünfzig Cent – wenn man nur hinter die richtige Reihenfolge kommen könnte. Finde sie heraus, neugieriger Konsument, finde sie heraus!

TIPP:

Um Ihnen das Puzzeln etwas leichter zu machen, ein Ausgehtipp: das **Medizinhistorische Museum** auf dem weit-
läufigen Gelände der Charité-Klinik. Dort findet man junge
Sirenen und Zyklopen in Spiritus neben alten Zahnbohrern
auf einem Seziertisch. Vielleicht lässt sich daraus ja schon
etwas Schönes zusammensetzen.

Die kleinste Minderheit von Berlin

Neulich lernte ich einen jungen Tschuktschen in Berlin kennen. Genau genommen einen Luoravetlanen, der eine vorbildliche Karriere gemacht hatte. Seine Eltern, erzählte er mir, seien beide Analphabeten, sie lebten in einem kleinen Dorf auf der Tschuktschen-Halbinsel in der Nähe des Polarkreises und könnten nicht einmal ihren Namen schreiben. Er ging dagegen seinerzeit in Anadir zur Schule, anschließend studierte er an der Universität in Nowosibirsk und wurde dann im Rahmen eines Studentenaustauschs als einer der Besten nach Berlin geschickt. Hier ist Anton mit Sicherheit weit und breit der einzige Tschuktsche beziehungsweise Luoravetlane und repräsentiert damit die mindeste Minderheit der neudeutschen Hauptstadt. Dies wird allerdings von der Öffentlichkeit komplett ignoriert. Anton empört sich deswegen gerne über das allgemeine Medieninteresse an den anderen Minderheiten, die seiner Meinung nach kaum etwas Interessantes zu bieten haben.

»Über das kurdische, russische oder bosnische Leben wird immer wieder berichtet, aber keiner schreibt einen Artikel über Tschuktschen in Berlin, geschweige denn über die Ur-Tschuktschen, die Luoravetlanen: Sie werden in der Presse einfach totgeschwiegen«, schimpfte er.

»Das muss sich ändern«, sagte ich und versprach ihm, eine Geschichte über die Tschuktschen in Berlin zu schreiben. Doch außer ihm habe ich bis jetzt noch keine getroffen, also musste ich Anton interviewen. Zwei Stunden lang haben wir miteinander gesprochen. Während des Gesprächs stellte sich heraus, dass die Tschuktschen in Berlin im Großen und Ganzen wie alle anderen Studenten leben: Mühsam verdienen sie sich ihr Bafög, wohnen in einer WG, und abends gehen sie in die eine oder andere Kneipe. Oft haben die jungen Tschuktschen – Luoravetlanen – bei den Frauen Erfolg, aber noch öfter werden sie abgewiesen. Doch es gibt etwas, was die Tschuktschen von den anderen Berlinern unterscheidet: Einmal im Jahr fahren sie in ihr Heimatdorf zu ihrer Mutter in die Tundra. Dort verbringen sie normalerweise drei Wochen. Alle zweihundert Luoravetlanen im Dorf sind untereinander verwandt. Wie in fast jedem Dorf glaubt eine Hälfte der Bewohner an Jesus Christus, die andere glaubt nur an die eigene Kraft. Außerdem gibt es einen, der glaubt, er wäre selbst Jesus Christus. Die Luoravetlanen befinden sich schon seit einer Ewigkeit am Rande des Aussterbens und stehen deswegen unter der Kontrolle einer UNO-Kommission. Doch diese Kommission kann ihnen nicht ständig hinterherlaufen und sie nachzählen. Sie kommt einmal im Jahr und wundert sich dann, dass die Luoravetlanen schon wieder weniger geworden sind, obwohl die miesen Kommunisten auf Tschukotka längst ausgestorben sind.

Letztes Jahr ist die Luoravetlanen-Population erneut um sieben Seelen kleiner geworden. Die Polizei im Verwaltungszentrum Anadir hatte einen Hinweis bekommen, dass der berühmt-berüchtigte Serienmörder mit dem Spitznamen »Schneemensch«, der jeden Monat aus der Tiefe der Tundra auftauchte und jedes Mal eine Frau mit einer Socke erdrosselte, ein Luoravetlane sei. Der Stammesälteste wollte seinen verdächtigten Landsmann jedoch nicht der

Staatsgewalt übergeben und drohte dem Polizeichef mit der UNO-Komission. Von dieser Drohung ließ sich die Miliz aber nicht beeindrucken. Sie beschloss, das Haus des Verdächtigen zu stürmen. Seitdem gibt es auf der ganzen Welt nur noch hundertdreiundneunzig Luoravetlanen.

Nach diesem Drama beschlossen die Übriggebliebenen, sich von der Zivilisation erst einmal zurückzuziehen. Dazu tauschten sie mit der Lokalverwaltung ihr Gemeindeland gegen einen verlassenen Raketenschacht der sowjetischen Armee etwa zwanzig Kilometer vom Dorf entfernt. Dieser Schacht war schon immer ein Objekt ihrer Begierde gewesen. Die Atomraketen, die dort vis-a-vis von Alaska jahrzehntelang stationiert gewesen waren, damit die Sowjetunion Amerika auf dem kürzesten Weg erwischen konnte, wurden 1993 abgebaut. Eine gewisse Radioaktivität blieb jedoch erhalten. Deswegen war es im Schacht das ganze Jahr über angenehm warm und trocken. Man konnte dort sogar im Winter Kartoffeln und Gurken anpflanzen. Der Raketenschacht war ein riesiger unterirdischer Bunker mit vielen Wohnräumen – fast ein modernes Hochhaus, nur nach unten. Für die meisten Luoravetlanen war er ein lauschiges Plätzchen. Nur Anton gefiel es dort nicht. Er ist in Berlin ein Großstadtmensch geworden und bekam unter der Erde Platzangst. Außerdem sei es sehr langweilig dort, er habe die ganze Zeit immer nur Gardner gelesen, erzählte Anton.

»Gardner? Earl Stanley Gardner? Den amerikanischen Krimiautor? Wie kam der denn in den Raketenschacht?«, fragte ich ihn ungläubig.

Im Schacht standen noch jede Menge Müllcontainer aus den alten Zeiten herum, erzählte mir Anton. Sie wurden nun von seinen Leuten langsam umfunktioniert. Auf der Suche nach Lesbarem fand er dort eine ganze Auflage der Zeitung *Sowjetisches Sibirien* aus dem Jahr 1983 mit einer Gardner-Geschichte als Fortsetzungsroman. Drei Wochen lang las er ununterbrochen Gardner. Immer wieder dieselbe Geschichte, aber jedes Mal in einem neuen Exemplar.

»Zum Schluss ging sie mir ziemlich auf den Geist, dafür aber geht es jetzt meinen Leuten ganz gut. Die UNO-Kommission wird sich bestimmt freuen.«

»Und was ist mit der Restradioaktivität?«, fragte ich ihn.

»So etwas spüren wir Luoravetlanen gar nicht«, meinte Anton und strahlte

TIPP:

Am Kottbusser Tor praktiziert ein Zahnarzt, der Patienten aus achtundachtzig Nationen behandelt. Dies dürfte in etwa die Zahl an Minderheiten sein, die in Berlin leben. Am unauffälligsten von allen sind die Taiwanesen, sie werden nicht mal von den Chinesen als solche erkannt. Die Ursache dafür findet man schon in einem alten taiwanesischen Merksatz: »Nur der Vogel, der vorne fliegt, wird abgeschossen.« Als Ausgehtipp würde ich Ihnen das typisch taiwanesische Restaurant **Taipeh** in der Helmstedter Straße empfehlen, aber Sie werden es nicht finden.

Malewitsch lachte

Der Februar war noch lange nicht zu Ende, es war arschkalt in Berlin, und die meisten meiner Freunde verließen kaum noch ihre Wohnung. Einige lernten sogar, bei *Kaiser's* per Internet einzukaufen. Ich aber suchte unverdrossen draußen nach Herausforderungen und fand auch ständig welche. Immerhin drehte ich zusammen mit meinem Kameramann Norbert eine ZDF-Dokumentation über interessante Schauplätze in Berlin. Zwei drehwürdige Objekte standen auf unserem Plan: eine Dackelranch in Lichtenrade und die Malewitsch-Ausstellung im Guggenheim Museum der Deutschen Bank. Es hatte minus acht Grad, vielleicht sogar minus zehn, als wir in Lichtenrade auftauchten. Die Dackelbesitzer hatten sich in ihrem kleinen Häuschen versammelt und tranken heiße Getränke. Für die Außenaufnahmen drückten sie mir ihren Langhaardackel Riko in die Hand. Meine Exfreundin hatte früher einen solchen Hund, meine aktuelle Frau steht jedoch auf Katzen. Deswegen habe ich den Umgang mit diesen Kurzbeinern inzwischen verlernt.

Mit dem frierenden Hund auf dem Arm stellte ich mich vor die Kamera und sagte den tollen Satz, den ich mir bereits unterwegs nach Lichtenrade ausgedacht hatte: »Hier auf der Dackelranch in Lichtenrade können Riko und seine Freunde ihre Bewegungsfreiheit in vollem Ausmaß genießen.« Währenddessen ließ ich Riko los. Anstatt nun mit lustigem Gebell herumzurennen, plumpste der Dackel wie ein Kartoffelsack auf die Erde und blieb vor meinen Füßen liegen. Alle Dackelbesitzer sprangen sofort aus ihrem Häuschen. Sie waren sichtlich geschockt. Ausführlich erklärten sie mir, dass Dackel keine Katzen seien und warum nicht. Ich entschuldigte mich. Meine Kollegen waren verzweifelt.

»Ob wir einen neuen Dackel von denen bekommen?«, fragten sie flüsternd.

Nach zehn Minuten legte sich die Aufregung zum

Glück. Riko wurde entsorgt. Ich bekam einen neuen, kurzhaarigen Dackel. Er hieß Löwe.

»Hier in Lichtenrade können Löwe und seine Freunde ihre Bewegungsfreiheit in vollem Ausmaß ...« – um ein Haar wäre auch dieser Dackel mir wieder entglitten. Zum Glück hatte das keiner mitbekommen, und ich drückte Löwe fest an meine Brust, bis er quietschte. Nach zehn Wiederholungen waren wir mit den Dreharbeiten fertig und alle Dackel noch am Leben.

Wir packten ein und fuhren zur Malewitsch-Ausstellung Unter den Linden. Es wimmelte von Besuchern, die Museumswächter waren schon fast am Durchdrehen. Die avantgardistische Malerei wirkte zusätzlich verstörend auf sie. Der weißrussische Maler Kasimir Malewitsch hatte noch vor der Großen Oktoberrevolution seine eigene kleine Kunstrevolution angefangen, indem er den altbewährten so genannten Brotkorb-Realismus überwand und eine neue, reinere Bildsprache entwickelte: die gegenstandslose Malerei, die er dann Suprematismus nannte. Der Künstler beteuerte mehrmals, seine Werke wären von der Sünde des Gegenstands befreit. Trotzdem hörten die Menschen nicht auf, in seinen Bildern nach einem Gegenstand zu suchen. Und viele fanden etwas. Das Publikum im Guggenheim Museum bewegte

sich langsam von einem schwarzen Quadrat zum
nächsten und machte sich so seine Gegenstands-Ge-
danken. Ich wurde sofort von einem Museumswächter angesprochen.

»Sie sind doch echter Russe, nicht wahr? Könnte
es sein, dass diese Bilder eine magische Kraft besitzen? Ich habe hier schon mit zwei anderen Russen
darüber gesprochen, sie sagten, sie wüssten zwar, was
ich meine, wollten aber nicht mit mir darüber reden.
Kommen Sie mit, ich muss Ihnen das zeigen!«

Auf dem Bild »Weißes Kreuz auf weißem Grund«
sah der Museumswächter eindeutig ein Gesicht. Ob
ich das auch sehen könne? Hier die Augen und da die
Nase! Ob das Malewitsch selbst sei? Klar konnte ich
es sehen. Der Künstler lächelte uns aus dem weißen
Kreuz an und beobachtete den Museumswächter,
wohin er auch ging. Manchmal schnitt er ihm sogar
Grimassen. Von einem anderen Bild wurde der Wäch-
ter regelmäßig nass, behauptete er jedenfalls steif und
fest, so als würde ein unsichtbarer Regen aus dem
Bild sprühen. Der Wahnsinn der Bilder zog ganz Un-
beteiligte in seinen Bann, und die Museumswächter
wurden, ohne es zu merken, Teil der Ausstellung.
Denn Künstler, die sich als Schöpfer einer neuen
Welt präsentieren, stellen die bereits existierende Welt
infrage – die gute alte Welt mit ihren Antiquitäten,

Museen und Museumswächtern. Da war Malewitsch nicht der Einzige. Die letzte russische Kunstrevolution fand in den Neunzigerjahren statt, als nach der Perestroika die Aktionskunst in Moskau aufblühte. Viele Künstler gingen als ihr eigenes Werk auf die Straße und in die Muscumssäle. Einer kackte zum Beispiel während seiner Aktion »Van Gogh ist toll, und ich bin Scheiße« im Puschkin-Museum vor den versammelten Museumswächtern und Kunstkritikern auf das Parkett. Ein anderer zerhackte Ikonen in der Öffentlichkeit. Ein Dritter ließ sich mitten in der Stadt an ein Kreuz nageln, nachdem ihm ein Helfer zuvor mit dem Skalpell den Satz »Ich bin nicht der Sohn Gottes« in den Rücken geritzt hatte. Alle drei wurden zu Verbrechern gestempelt, mehrere Institutionen und Privatpersonen hatten sie angezeigt. Die Künstler mussten schließlich das Land verlassen. Aber ihr provozierendes Anliegen wurde von der jüngeren Generation übernommen.

»Haben Sie eigentlich eine Drehgenehmigung?«, fragte uns der Museumswächter im Guggenheim Museum. Wir hatten alles. Also stellte ich mich vor einem der schwarzen Quadrate auf und sagte meinen Spruch: »Hier können Riko und seine Freunde ... Entschuldigung ... Der Zauber dieser Kunstwerke wird erst sichtbar, wenn man ganz genau und lange genug auf das Quadrat schaut. Dann kommt nämlich in der unteren linken Ecke eine kleine weiße Maus heraus.« Der Museumswächter blickte starr auf das Bild. Das Publikum guckte interessiert. Malewitsch lachte.

TIPP:

Die berühmtesten Kunstwerke Berlins sind die Nofretete im **Alten Museum auf der Museumsinsel**, dann das ebenfalls dorthin verschleppte kleine Ischtar-Tor sowie das Rembrandt-Bild »Der Mann mit dem Goldhelm«, auch bekannt als »Mann mit dem Stahlhelm«, in der **Gemäldegalerie des Kulturforums am Potsdamer Platz**.

Berliner Musik

In einer Großstadt soll alles seine Ordnung haben. Deswegen hat jeder Baum in Berlin eine Nummer. Vor dem Eingang unserer Kaufhalle ist ein spezieller Zähler in Form eines Studenten installiert, um alle, die rein- und rausgehen, zu registrieren. Polizisten in Zivil handeln im LSD-Viertel zwischen Lychener, Schliemann und Dunckerstraße mit Haschisch, um das Drogenverhalten der Bevölkerung zu analysieren. Die Stadt bietet viele Möglichkeiten für systematische Forschung. Mein Kollege Helmut Höge und ich nehmen auch daran teil: Unser Forschungsobjekt sind Straßenmusikanten. Seit Jahren beobachten wir sie, egal, ob sie mit oder ohne Genehmigung beziehungsweise mit oder ohne musikalische Ausbildung spielen. Regelmäßig ziehen wir mit einem Aufnahmegerät durch die Stadt, um danach im Labor unsere Ausbeute an Straßenmusik zu klassifizieren.

Letztens waren wir an einem besonderen Tag unterwegs – am Weltspartag. Dieser Tag spielte schon immer eine wichtige Rolle in Westdeutschland und Westberlin, erklärte mir Helmut. Denn jedes Kind hatte früher mindestens ein Sparbuch und wurde gleich nach seiner Geburt zur intensiven Vermögensbildung durch Sparen aufgefordert. Auch Helmut hatte als Kind mehrere Post-Sparbücher, die sich aber durch unterschiedliche Lebensschwankungen nicht zu einem Vermögen, sondern zu einem ewig überzogenen Dispokredit bei der Postbank entwickelten. In Ostdeutschland gab es immer mehr Geld als Waren, deswegen war die gesamte Geschichte der DDR ein einziger langer Weltspartag. Bei uns in der Sowjetunion gab es weder Geld noch Waren, also blieb uns dieser Festtag des Sparens erspart.

Den ersten Musiker an jenem Weltspartag fanden wir in der Unterführung Friedrichstraße. Jung, männlich, russisch. Musikinstrument: ein Keyboard der Marke *Roland*. Gespielt wurde eine Phantasie aus Tschaikowskys »Schwanensee« und dem Beatles-

Song »She loves you«. Besondere Bemerkung: Die Tschaikowsky-Musik, gemischt mit den U-Bahn-Geräuschen, klingt so authentisch, als wäre sie extra für die Unterführung Friedrichstraße komponiert worden. Innerhalb von zwanzig Minuten hat der Musiker damit aber nichts verdient.

Im heutigen wiedervereinigten Deutschland ist Sparen ein wichtiges Thema. Laut Statistik stirbt jeder Deutsche mit durchschnittlich hundertfünfzigtausend Euro auf dem Konto. Die Finanzexperten sehen darin eine Besinnung der Deutschen auf die alten Wikingersitten. Alles Wertvolle nahmen die Wikinger mit ins Grab. Die Krieger ließen ihre Waffen, ihre schicken Kleider und den Körperschmuck mit sich begraben, behaupten die Finanzexperten. Was man aber in Walhalla mit hundertfünfzigtausend Euro machen soll, das habe ich nicht verstanden.

Am Alexanderplatz ist nichts zu hören. Auch am Leopoldplatz – keine Spur von Musik. Wo sind sie nur alle?

Objekt Nummer zwei: ein Duo. Ein Mann mit Gitarre und eine Frau mit Geige in einer Unterführung in Mitte. Beide vermutlich um die vierzig, vermutlich Russen, die Melodie vermutlich russische Folklore, vielleicht auch etwas Modernes, aber definitiv nicht

Tschaikowsky. Verdienst – sechsunddreißig Cent in zwanzig Minuten.

Helmut meint, er würde zu gern wissen, wer nun seine hundertfünfzigtausend Euro mit ins Grab genommen hat. Die Statistik lügt, und diese Zahlen bedeuten im Klartext, dass irgendeine Wikingersau über zwanzig Milliarden mit nach Walhalla geschleppt hat und eine ganze 68er-Wikinger-Generation deswegen mit leeren Taschen abtreten muss.

Objekt Nummer drei: ein Akkordeonspieler an der U-Bahn-Station Amrumer Straße. Herkunftsland: Polen, Alter: fünfundfünfzig, Melodie: keine. Der Mann weigerte sich zu spielen. Er beschwerte sich, seine Finger würden ihm wehtun. Will bei unserer Forschung nicht so richtig mitmachen. Nach einer Verhandlung spielt er jedoch für sechs Euro fünfzig Sekunden lang eine Phantasie, später identifiziert als Ballade von Joan Baez – »Love with you« oder so ähnlich, gemischt mit urpolnischen Wikingermotiven.

Auf dem Weg nach Hause werden wir am Alexanderplatz vom Generalsekretär der neuen »Kommunistischen Internationale in Gründung« angesprochen. Er ist außerordentlich guter Dinge und schlägt uns vor, der nunmehr sechsten Internationale beizutreten. »Oder seid ihr politisch schon untergebracht?«,

fragt er uns drohend. Der Generalsekretär ist gerade
am Alex mit der »unmittelbaren Vorbereitung« des
XVI. Parteitags der Kommunistischen Partei Chinas
voll beschäftigt. Unter anderem verteilt er Flugblät-
ter über die wirtschaftliche Situation des Landes.
Die Chinesen ackern wie verrückt, steht in dem
Flugblatt. Neunundachtzig Prozent der zum Partei-
tag Abgeordneten sind Arbeiter, die vom Staat als
Helden der Arbeit eingestuft wurden und monatlich
etwas über 6.860 Yuan verdienen. Jedes Jahr steigen
in China die Einkommen um zwölf Prozent, das
heißt um siebenhundert Yuan. Leider steht in dem
Flugblatt nicht, wie viel Euro das sind. Haben die
Chinesen Sparbücher?, fragen wir. Der Generalsekretär lächelt und meint, er habe uns erkannt, wir
seien Schriftsteller. Er habe neulich ebenfalls ein
Buch geschrieben – über die Philosophie im alten
Ägypten. Helmut kauft sein Buch für drei Euro, ich
betrachte derweil die Weihnachtswerbung am Kauf-
hof. »Mit unseren Weihnachtspezialisten sparen Sie
richtig Geld« lautet in diesem Jahr die Parole. Daraufhin beschließen wir, auch zu sparen, und fahren
schwarz nach Hause, die Taschen voll mit kosten
loser Großstadtmusik.

TIPP:

Zu den ausgefallenen Musikgenüssen in der Hauptstadt zählen neben Militärkapellen das Kreuzberger Nasenflöten-Orchester, domiziliert in der **endart Galerie** Oranienstraße, die berüchtigte »Russendisko« im **Kaffee Burger** in der Torstraße sowie die Auftritte mongolischer Pferdegeigenmusiker und Obertonsänger im **Chinggis** in der Bornholmer Straße.

Dichter über Berlin

Neulich rief mich ein Kollege an und bat um Hilfe.
Er habe sein Buch zu Ende geschrieben und suche
nun verzweifelt nach einem passenden Titel. In seinem Werk gehe es um Menschen, Liebe, Leidenschaft, Enttäuschung und Amerika. Sein Titel »Vergiss Amerika, Junge« war leider schon geschützt und
deswegen vom Verlag abgelehnt worden. Ob ich nicht
eine Idee für ihn hätte, fragte er.

Was sollte ich meinem Kollegen sagen? Dass ich
auch gerade ein Buch über Menschen, Tiere, Insekten, Flugzeuge, Liebe und Sibirien geschrieben hatte und dass mein Titel »Es war einmal in Sibirien«

ebenso geschützt und vom Verlag abgelehnt worden war?

Die Suche nach einem guten Titel ist inzwischen bei vielen Autoren zu einem Problem geworden. Alles schon einmal da gewesen. Über alles wurde schon geschrieben. Liebe, Menschen, Amerika, Sibirien – diese Stoffe gibt es bei den Trödlern tonnenweise und oft in hervorragender Qualität. Neulich besuchte ich einen großen Händler unter der S-Bahn-Brücke in der Dircksenstraße, bei dem Bücher für drei Euro fünfzig das Kilo verkauft werden. Ich habe dort vieles gefunden, was ich als Kind auswendig lernen musste, zum Beispiel Gedichte des berühmten Arbeiterdichters Wladimir Majakowski. Vor zwanzig Jahren gefiel mir dieser Autor wegen seiner Rücksichtslosigkeit, seiner ehrlichen Art, die Leser anzusprechen: »Genossen, erlaubt mir, ohne Pose, schlicht menschlich…«, und dann ging es los. Majakowski dachte, er hätte die Gabe, die Zukunft einschätzen zu können. Doch egal, was er prophezeite, es kam immer anders. Wie ein Sklave der staatlichen Lotterie zog er ein Los nach dem anderen, bekritzelte es mit Zahlen und gewann doch nie etwas. Das ging so bis zu seinem Selbstmord. Kurz zuvor hatte er noch ein überaus optimistisches Gedicht verfasst, in dem er seinen Kollegen Jessenin kritisierte, der sich die Pulsadern aufgeschnitten hatte:

Unser Planet erweist für Späße wenig Gunst
Jede Freude muss dem Kommenden entrissen werden
Sich zu töten ist keine große Kunst
Schwerer ist das Leben bauen auf Erden

– dichtete Majakowski und erschoss sich.

Früher dachte ich, Majakowski hatte einfach Pech, eine falsche Lebenseinstellung. Heute denke ich jedoch, dass er wahrscheinlich wusste, dass das Leben immer weitergeht und jede Prophezeiung deswegen früher oder später wahr wird. Sogar mehrmals. Besonders deutlich wird das, wenn man seine damaligen Gedichte über Deutschland liest. Majakowski mochte das revolutionäre Deutschland nach dem Ersten Weltkrieg, er war mehrmals in Berlin und hat hier viel prophezeit:

Im Taxi den Kudamm hinsausend
reiße ich die Augen auf
guck mal, Berlin
hat sich entschieden gemausert
so war es noch nicht im vorigen Jahr
Die Straßen sind glatt
die Deutschen sind satt
früher galt der Dollar als blendendste Strahlung
jetzt heißt es, wir nehmen nur Euro in Zahlung

Hier entsteht ein rot-rotes Berlin
Nicht lang wird's in Kerkern und Vorstädten nisten
es bricht durch die Sperren, es kommt bestimmt!
erste Vorbotschaft
für Kommunisten hat ganz Lichtenberg neulich
gestimmt

Wenn ich das heute lese, begreife ich allmählich: Der Titel ist ganz egal, und wenn er heute nicht passt, wird er es morgen oder übermorgen tun. Und eines Tages, in gar nicht so ferner Zukunft, werden unsere Werke ihren Platz beim Trödler in der Dircksenstraße einnehmen: Ein anderer wird dann dort auf der Suche nach einem passenden Titel oder einem guten Buch die Regale durchkämmen und vielleicht auch auf dieses bescheuerte Majakowski-Gedicht stoßen:

Dir Deutschland – mein großes Hallo
dir schenke ich keine Dollars zählend
ohne Vertrag, einfach so,
mein Gedicht – trotz Pleite und Defizit.
Nun ja, du und ich
wir zwei sind heute ziemlich elend – doch mir ist
dieses Elend der höchste Besitz! Und dir?

TIPP:

Das moderne Antiquariat in der Dircksenstraße existiert nicht mehr, ebenso eine Reihe anderer: Nach 1990 haben so viele abgewickelte Akademiker aus dem Osten ein Antiquariat aufgemacht, zumeist mit ebenfalls ausrangierten DDR-Büchern, dass die Branche sich jetzt gewissermaßen gesundschrumpft. Was es aber immer noch gibt, ist die »**Bücherstadt**« in Wünsdorf bei Zossen, wo man aus dem ehemaligen Hauptquartier erst der kaiserlichen, dann der nationalsozialistischen und dann der sowjetischen Armee einen Antiquariats-Supermarkt gemacht hat.

Berlin – eine Arbeiterstadt

In vielen Gesprächen, die ich mit den unterschiedlichsten Leuten in der deutschen Provinz führte,
konnte ich feststellen, dass Berlin einen schlechten
Ruf hat. Man ist der Meinung, nahezu die gesamte
deutsche Industrie befände sich in den südlichen
Bundesländern, während im Norden immer weniger
produziert wird, im Osten nur noch *Rotkäppchen*-
Sekt, und in Berlin schon gar nichts mehr. Das sei
eine Art Spaßstadt, die nur von Diskotheken, Touris-
mus und Gaststätten lebe. Die Bewohner hier seien
allesamt Kneipenwirte, arbeitslos oder Studenten, die
nichts anderes im Sinn hätten, als ihre Hauptstadtma-

cke auszuleben und ihre Löhne, Sozialhilfen oder Stipendien in den haupstädtischen Beizen auf der einen oder auf der anderen Seite des Tresens zu versaufen.

Das ist doch eine krasse Lüge, dachte ich. Berlin verfügt durchaus über Industriebetriebe und Fabriken. Hier wird zum Beispiel Bier gebraut und Katzenfutter hergestellt. Die Qualität des Berliner Theaterbluts ist weltberühmt, der Berliner Birkensaft wird sogar nach Russland exportiert. Also wollte ich meine Fernsehkolumne im ZDF einmal dem Thema »Leben und Ackern in Berlin« widmen, um allen zu zeigen, wie hart die Berliner schuften. Es sollte ein umfassender Bericht werden.

Eine passende Produktionsstätte ließ sich schnell finden: die Bonbonfabrik in der Oranienburger Straße. Sie hat den ganzen Tag geöffnet und ist mit zweieinhalb Arbeitskräften besetzt. Ich bereitete mich gründlich auf die Sendung vor, wobei ich unter anderem im Internet recherchierte. Über fünfunddreißig Bonbonsorten werden in der Fabrik produziert. Für ausgefallene Geschmäcker gibt es Feuerhimbeeren mit Cayennepfeffer; populär sind jedoch die so genannten Maiblätter – eine echte Berliner Bonbonspezialität.

Am Drehtag waren wir pünktlich zur Stelle. Die Fabrik war nicht nur eine Produktions-, sondern auch eine Verkaufsstätte. In einem kleinen Raum standen drei Dutzend Kinder und fünf kinderreiche Mütter Kopf an Kopf und warteten auf ihre Maiblätter. Die Verkäuferin saß hinter der Theke, und ein Berliner Arbeiter im weißen Kittel – der Bonbonmacher – stand hinter einem großen Arbeitstisch und erklärte den Kindern den Produktionsprozess. Er war außerordentlich guter Laune. In einem eisernen Topf kochte Bonbonsirup, der genau wie grüne Kacke aussah.

»Das ist der Bonbonsirup. Der hat mit den Maiblättern noch nichts zu tun und sieht wie grüne Kacke aus«, erzählte der Bonbonmacher mit der Stimme eines Grundschullehrers. »So, und jetzt hole ich diese grüne Kacke aus dem Topf und rolle sie auf dem Tisch aus.« Der Bonbonmacher holte die grüne Kacke aus dem Topf und rollte sie auf dem Tisch aus.

»Das sieht gut aus, das müssen wir unbedingt aufnehmen«, meinte Ulrike, unsere Redakteurin. Der Kameramann, die Praktikantin und ich hechteten zu dem Bonbonmacher, um ihn mitten im Arbeitsprozess zu erwischen.

»Jetzt gebe ich die Sonderzutaten dazu«, fuhr der Bonbonist fort, »also die Zitronensäure, ein bisschen Puderzucker, einen Schuss Waldmeister und die alten Bonbons von vorgestern, die nichts geworden sind.«

In der Enge stieß die Praktikantin gegen ein Regal,

und der Kameramann streifte mit der Kamera einen Wandschrank: Ein Stapel CDs, eine halb volle Kaffeetasse und ein Glas mit einem braunen Pulver fielen herunter und verschwanden blitzschnell in der grünen Kacke. Der Bonbonmacher war aber dermaßen gut drauf, dass er nur den Kopf schüttelte, als hätte er nichts bemerkt.

Ich stellte mich neben ihn und begann mit meinem ersten Aufsager: »Viele denken, Berlin sei nur so eine Spaßstadt...«

»Was du nicht sagst«, konterte sofort eine kinderreiche Mutter, »wer denkt denn so einen Blödsinn?«

»Seid ihr vom Kinderkanal?«, drängten die Kinder nach vorne. Sie wollten ins Fernsehen.

Ich ließ mich nicht ablenken: »Also... eine Spaßstadt. Doch hier sehen Sie eine echte, traditionsreiche Berliner Fabrik...«

»Das ist keine Fabrik, sondern eine Bonbonmacherei«, empörte sich der Bonbonmacher.

Nach einer kurzen, aber harten Diskussion einigten wir uns darauf, dass man die Bonbonmacherei für einen Tag in eine Fabrik umtaufen könne. Inzwischen war die grüne Kacke kalt geworden. Sie sollte nun in einer speziellen Maschine zu appetitlichen Maiblättern geschnitten werden. Wir mussten eine neue Drehposition suchen.

Ich stellte mich mit einer Bonbontüte in der Hand neben die Verkaufstheke und fuhr fort: »Für den ausgefallenen Geschmack gibt es hier Feuerhimbeeren mit Geiennepfeffer. Die meisten Kunden entscheiden sich jedoch für die Maiblätter – eine echte Berliner Spezialität«, sagte ich in die Kamera und stopfte mir mehrere davon in den Mund.

»Du hast das Wort ›Cayenne‹ falsch ausgesprochen, wir müssen wiederholen«, meinte Ulrike.

Ich wiederholte.

»Du hast wieder Geienne gesagt!«

Ich wiederholte noch mal. Nach dem zehnten Mal konnte ich die Berliner Spezialität nicht mehr sehen. Allein der Gedanke daran trieb mir die Bonbons wieder hoch.

»Na, schmeckt es noch?«, fragte mich eine kinderreiche Mutter interessiert. Auch die Kinder um mich herum wurden auf einmal ruhiger. Sie warteten gespannt, wann die von mir verschluckten Maiblätter alle wieder herauskämen.

»Geht's noch?«, fragte Ulrike besorgt, sie wollte mich nämlich noch ein bisschen bei den anderen Bonbonsorten drehen.

Ich leistete schweigend Widerstand.

Wir verließen den Laden und fuhren zum nächsten Drehort – nach Wilmersdorf in ein riesengroßes Fitnesszentrum, in dem sich die Berliner Produktionsarbeiter nach Feierabend trafen und entspannten. Eine Pressesprecherin begleitete uns durch diese Oase der Gesundheit, vor ihrer Brust hing ein Säugling. Mit diesem Säugling wanderten wir durch die zahlreichen Trainingssäle und Massageräume. Wir sahen Rentner, gestresste Manager und Bodybuildingfreaks, aber keine Arbeiter. Ich nahm an einer Yogavorführung teil und bekam eine Rückenmassage geschenkt, musste aber stets an die Maiblätter vom Dreh davor denken, die mir immer noch im Hals steckten. Sie wollten nicht richtig rein und nicht richtig raus. In der Schwimmhalle drehten wir noch einen einsamen Sportfreund, der sich wie ein weißer Hai durch das Becken arbeitete.

Danach fuhren wir zum Erfinderklub »Denker« in der Passauer Straße. Er war vor vier Jahren von meinen Landsleuten gegründet worden, die schon früher in der Sowjetunion ständig irgendetwas erfunden hatten und jetzt auch in Deutschland damit weitermachten. Die wissenschaftliche Forschung war in meiner Heimat eine sehr beliebte Tätigkeit. Die populäre Zeitschrift »Der Erfinder und der Rationalisator«, auf feinem dünnem Papier gedruckt und mit vielen Skizzen und Zeichnungen, konnte man fast in jedem Haushalt auf dem Klo finden. Und im Fernsehen berichtete der Akademiker Kapiza in seiner Sendung »Unvorstellbare Tatsachen« ständig über neue russische Erfindungen. Fast in jeder guten Schule existierte ein »Jugend forscht«-Zirkel. In dem Berliner Erfinderklub »Denker« forschte dagegen das Alter. Die Erfinder schufteten jeden Tag von früh bis spät und hatten unglaublich viel Zeug in den letzten Jahren zum Patent angemeldet. Die größten und dementsprechend bildhaftesten Erfindungen konnten wir filmen, darunter eine Windkraftmaschine mit Multiturbinenprinzip, die man gleichzeitig zur Schnapsdestillation benutzen konnte.

»Sie filmen das Gerät von der falschen Seite«, sorgte sich der Erfinder. »Das ist die unwichtige Seite, die wichtige Seite ist hier hinten!«

»Aber diese Seite sieht einfach besser aus«, konterte der Kameramann.

Die Wissenschaftler beklagten sich darüber, dass man in Deutschland als Erfinder nur schlecht Zugang zur Wirtschaft fand.

»Weniger als fünf Prozent der Patente werden tatsächlich umgesetzt«, erklärten mir meine Landsleute. Woher soll dann bitte der erwünschte wirtschaftliche Aufschwung kommen? Ich versprach ihnen, dieses wichtige Thema in der Sendung anzusprechen.

Es war schon dunkel, als wir mit dem Dreh fertig

waren. Berlin – die Arbeiterstadt, in der die Leute ununterbrochen schufteten, war nicht besonders überzeugend rübergekommen.

»Das Leben und das Fernsehen sind inkompatibel, das eine findet wirklich statt, und das andere ist nur Quatsch«, dachte ich frustriert.

In der Nacht träumte ich von Windkraftmaschinen aus Pappe und von Maiblättern. Massenhaft liefen Kamerateams durch die Stadt, und ich verwandelte mich allmählich in ein Hundertkilo-Bonbon, woraufhin ein Riesensäugling mit ausgestreckter Zunge auf mich zukrabbelte.

TIPP:

In Berlin macht man ähnlich wie im Ruhrgebiet aus nahezu allen Produktionsbetrieben Kulturzentren. Nicht nur wurden aus der Pankower **Brotfabrik** ein Kino, aus der **Backfabrik** am Alexanderplatz ein Kunstausstellungshaus mit einem **Blindenrestaurant** und aus der **Heeresbäckerei** in Kreuzberg ein Atelier- beziehungsweise Lofthaus. Auch die zahlreichen Berliner Brauereien wurden umgewidmet: Die Schultheissbrauerei im Prenzlauer Berg ist jetzt eine **Kulturbrauerei**, und die am Kreuzberg soll eine werden. Auch Spandau und Moabit verfügen über eine Brauerei, wo sich nur noch Kultur zusammenbraut. Umgekehrt wird in immer mehr Gaststätten eigenes Bier gemacht. Eine davon, das **Luisen Bräu**, befindet sich neben dem Schloss Charlottenburg am Luisenplatz.

Berliner Kinder

Die Babys gewinnen in Berlin eindeutig die Oberhand.
Langsam verwandeln sie unseren Bezirk in einen einzigen Kindergarten. In den Treppenhäusern, dort wo
früher Fahrräder standen, häufen sich jetzt die anei-
nandergeketteten Kinderwagen. Auch die Geschäfte
passen sich dem jungen Publikum an: Zooläden setzen
Unmengen von Zwergkaninchen ab, alternative Spiel-
zeugwerkstätten und Gummibärchenvertriebe sind
große Mode, die Zigarettenkioske machen mehr Um-
satz mit Yu-Gi-Oh-Karten als mit Alkohol, und sogar
in den Kneipen werden kinderfreundliche Pissoirs auf
dreißig Zentimeter Höhe montiert. In unserem Kino

laufen Kinderfilme in drei Sälen, die blutige Action ist in die kleinsten Räume verbannt. Und sogar beim Chinesen stehen Ketchupflaschen auf dem Tresen. Alle unsere Freunde, die als unabhängige Erwachsene in den Prenzlauer Berg gezogen sind, schieben jetzt Kinderwagen durch die Gegend. »Nein, morgen können wir nicht mit euch ›Alien versus Predator‹ gucken, wir gehen auf einen Kindergeburtstag«, sagen sie. Oder: »Wir müssen in den Zirkus.« Oder: »Wir haben Masern.«

»Na, dann bleibt lieber schön zu Hause«, sagen wir.

Wir haben schließlich selbst Kinder. Dann gehen wir halt auch in den Zirkus oder kaufen uns ein Kilo Gummibärchen, leihen uns ein paar Kinderfilme in der Videothek aus und veranstalten einen gemütlichen Kinder-Videotag zu Hause. Milchshakes sind angesagt. Man passt sich der Umgebung an.

Seitdem mein Kollege, der Geschäftsführer der »Russendisko Records«, Vater geworden ist, benimmt er sich immer öfter kindisch. Neulich schickte er mir eine SMS: »Fühle mich als Geschäftsführer überfordert, zu viel Papierkram, das Kind schreit, ich kann und will die Geschäftsführung nicht mehr machen.«

Zehn Minuten später schrieb er: »Habe ein wenig übertrieben, Kind schläft, kann die Geschäftsführung wieder übernehmen.«

Nicht die Politiker, die Kinder regieren heimlich an unserer Ecke, sie lassen die Erwachsenen zu ihrer Musik tanzen. Was allerdings die Ursache für diesen Babyboom sein könnte, ist mir noch rätselhaft. Es gibt im Prenzlauer Berg wenig Grünanlagen, viel Verkehr, die meisten Bewohner sind schwul oder Studenten, in der Regel sogar beides. Doch man braucht keine Statistik, um zu sehen, dass der Bezirk deutlich den ersten Platz in puncto Geburtenrate belegt. Selbst das große Kondom-Kaufhaus auf der Schönhauser Allee konnte daran nichts ändern. In unserer Schule sind für das nächste Jahr drei erste Klassen eingerichtet worden, in der Schule gegenüber gleich vier, und sie reichen nicht aus.

Ein Kollege von mir meinte dazu, die Ursache für den Babyboom liege im Internet, denn der Babyboom würde sich logischerweise aus dem Internet-Börsenboom/Crash ergeben, der vor einigen Jahren stattfand. Viele junge Menschen hätten damals in relativ kurzer Zeit ziemlich viel Geld verdient und sich dann aus dem Staub gemacht. Anstatt weiter zu investieren, seien sie in Frührente gegangen, hätten sich im Prenzlauer Berg gemütlich einquartiert und mehrfach reproduziert.

Ich bezweifle, dass das stimmt. Tatsächlich haben viele meiner Bekannten viel Zeit im Internet verbracht. Sie waren dort jedoch nur als Nutzer und nicht geschäftlich unterwegs. Sie haben sich nicht bereichert und sind trotzdem Eltern geworden. Man kann diese erhöhte Geburtenrate genauso gut durch die aggressive amerikanische Außenpolitik erklären, die sich auf politisch engagierte Menschen potenzsteigernd auswirkt, oder den Babyboom als Auswirkung der Osterweiterung erklären. Eins steht fest: Fast jeder, der hierherzieht – ob alt oder minderjährig, Homo oder Hetero –, bekommt ein Kind oder wird selbst zu einem. »Das ist ein Boom, Baby!«, wie mein Sohn dazu sagen würde.

TIPP

In der letzten Zeit geht der Trend in Sachen Kinderunterhaltung hier eindeutig in Richtung Indoor-Kinderspielplätze, wo Eltern ihre Kinder gegen einen geringen Preis für kurze Zeit abgeben können. Bei den meisten Spielplätzen müssen sie auch ihren Ausweis als Sicherheit hinterlegen. Diese Spielplätze tragen in der Regel ausgefallene Pups- und Popelnamen, wobei sich der Indoor-Spielplatz **Pups** im Westen befindet und die **Popelbühne** im Osten. Diese Namen sind nicht wörtlich zu nehmen, sondern bloß als Hinweis auf eine antitotalitäre Erziehung zu verstehen.

Frauenmode in Berlin

In meiner Heimat, der Sowjetunion, legten die Frauen unglaublich viel Wert auf ihr Aussehen. Selbst wenn sie nur kurz einkaufen gehen wollten, verbrachten sie eine Stunde vor dem Spiegel, bevor sie das Haus verließen. Dabei war es in der Sowjetunion um die Frauenmode nicht gut bestellt. Es mangelte an Vorbildern und Konsummöglichkeiten. In den Frisörsalons hingen Musterfotos von irgendwelchen Kolchosbäuerinnen, die während der Ernte aufgenommen worden waren. Die Frisur, die vom Staat als modisch empfohlen wurde, sah aus wie ein Klumpen auf dem Kopf und wurde im Volksmund verächtlich als Läusehaus bezeichnet. Ein kultureller Austausch mit dem Ausland fand bei uns nicht statt, von der westlichen Konsumwelt waren wir abgeschnitten. Deswegen waren die Menschen allem Westlichen gegenüber sehr aufmerksam und reagierten auf die kleinsten Anzeichen westlicher Mode.

Einmal trat die französische Sängerin Mireille Mathieu mit dem Lied »Ciao Bambino« im Sowjetfernsehen auf, danach legte sich halb Moskau eine Mireille-Mathieu-Frisur zu. Die Frisöre wurden dauernd mit der gemeinen Frage belästigt: »Kannst du überhaupt die Haare wie bei Mireille Mathieu schneiden?« Nach kurzer Zeit konnten alle Frisöre die von ihnen verlangte »Fasson« mit geschlossenen Augen auf jeden Kopf zaubern. Diese Frisur stieg schnell zum ersten Westprodukt auf, das für breite Schichten der Bevölkerung zugänglich war. Dazu kamen ungarische Stiefel und DDR-Jeans. Unter den Jugendlichen waren auch Plastiktüten aus dem Westen große Mode. Sie mussten aber unbedingt von einer Jeans-Firma sein, also mit einem knackigen Hintern drauf. Solche Tüten wurden nur auf dem schwarzen Markt verkauft. Damit sie länger hielten, stülpte man sie über eine ganz normale sowjetische Stofftasche. Ich hatte demnach die beste Tüte in unserer Schule: mit Lee-Werbung und gleich zwei Hintern drauf.

Die Isolation der Sowjetunion hatte aber auch ihre positiven Seiten: Die Bevölkerung hatte von den Modegurus der westlichen Welt wenig Ahnung und war also in Sachen Mode und Stil auf sich selbst angewiesen. Das erforderte große Phantasie und handwerkliches Geschick. Jede Frau war eine Näherin der Extraklasse. Niemand kaufte die sowjetischen Fertigprodukte, alles wurde zu Hause nach den eigenen Vorstellungen von Mode und Schick geschneidert. Zum Glück gab es genug Rohstoffe in der Sowjetunion – chinesische Baumwolle, Fallschirmseide, Leinen. Außerdem strickte man wie verrückt. In vielen Haushalten lebten große Hunde, die von ihren Besitzern regelmäßig gekämmt wurden und deren Wolle anschließend handversponnen wurde. Meine Nachbarin hatte sich aus ihren zwei Neufundländerrüden einen dermaßen schicken Wintermantel angefertigt, dass unser ganzes Haus vor Neid erblasste. Strickmagazine waren unglaublich begehrt und schwer aufzutreiben. Sie hatten oft so lustige Überschriften wie »Stricken Sie sich Ihren Mann zurecht«.

Für ihre Reise nach Deutschland hatte sich meine Frau originell angezogen, schließlich hielt sie den Westen für modebewusst und wollte nicht vor ihm kapitulieren. Olga trug eine selbst genähte grüne Seidenhose mit gelben Blumen gemustert und einen selbst gestrickten weißen Pullover, der sich dann als viel zu schick für Berlin erwies. Die westliche Mode kam ihr hier mehr als bescheiden vor. Später hegte sie große Erwartungen, was die Pariser Mode betraf. Diese Stadt war als Wiege des guten Geschmacks und Heimat der Schickeria in die Herzen aller Russen gedrungen. Doch Paris war für Olga eine noch größere Enttäuschung. Nirgendwo hatte sie so viele ungepflegte und schlecht angezogene Frauen gesehen, erzählte sie nach ihrem ersten Besuch.

»Man hat das Gefühl, die Pariser Frauen ziehen exakt solche Sachen an, die alle Mängel ihres Körpers betonen, anstatt sie zu verschleiern. Dagegen ist Berlin geradezu eine feine Modestadt, obwohl man auch hier die Neigung der Bevölkerung sieht, über besonders große Hintern eine extrem enge Hose anzuziehen oder umgekehrt.«

Seit fünfzehn Jahren leben wir inzwischen hier und können sowjetische Frauen noch immer in der Menschenmenge erkennen: aufwändige Frisuren, volles Make-up mit Grundierung, viel Schmuck, Blusen mit Pailletten, Seide, Angora, Leder, Pelze und hohe Absätze. Die Berliner Frauen, zumindest in unserer fortschrittlichen intellektuellen Gegend, bevorzugen H&M, Pimkie und orientalische Tibet-Klamotten-Geschäfte, bei denen sie sich gern in Lagen unterschiedlicher Farben einwickeln. Um bei uns modisch gekleidet zu sein, muss eine Frau Folgendes tun: über dem Top ein T-Shirt anziehen, darüber eine Bluse, Jacke oder einen Strickpullover, wobei alle Kleiderschichten unbedingt einzeln erkennbar sein müssen. Dazu gehört ein Minirock mit einer Siebenachtel-Hose darunter, die Socken sollten gut zu sehen sein. Das Ganze noch unbedingt mit einem Poncho oder Schal bedecken, auf den Kopf eine Strickmütze mit peruanischen Motiven, ein Wickeltuch mit einem Baby auf den Rücken, dann rauf aufs Fahrrad und lospreschen, damit die Sachen im Wind flattern – das ist hier die Mode 2006. Ich bin sicher, sie wird noch lange halten.

TIPP:

Wer in puncto Frauenmode in Berlin auf dem Laufenden bleiben will, dem sei das **Café am Neuen See** im Tiergarten empfohlen. Dort lachen sich die Teenager von Ruderbooten aus tot über die aufgebrezelten Weiber an Land.

Männermode in Berlin

In Moskau war die Männermode hauptsächlich vom Wetter und der Willkür des Staates abhängig. Alle Wohnungen hatten eine Zentralheizung, die man selbst nicht regeln konnte. Die Regierung sorgte sich um die Gesundheit des Volkes und stellte uns die Heizung in der Regel schon im September auf volle Pulle. Infolgedessen liefen die Männer zu Hause ständig in der hässlichen sowjetischen Unterwäsche herum: knielange Satinschlüpfer und weiße Unterhemden. Das war für ihre Frauen kein schöner Anblick. Sie versuchten, die Männer zu einem Spaziergang zu animieren. Die Außentemperatur konnte

174

aber der Staat nicht regeln, es war daher meistens sau-
kalt. In einem herkömmlichen Mantel hätte man nach
zwanzig Minuten den Geist aufgegeben. Außerdem
waren Winterklamotten in den Geschäften sehr teuer
und kaum zu finden. Deswegen bemühte sich jeder
an seinem Arbeitsplatz, Arbeitskleidung aufzutreiben:
schwarze oder blaue Wattejacken und Filzstiefel in
Übergrößen – davon gab es mehr als genug.

Das Modebewusstsein der sowjetischen Männer
entfaltete sich nicht durch den Erwerb besonders
ausgefallener Klamotten, sondern durch die Art des
Tragens. Selbst in den gleichen Sachen sah der eine
schick und teuer und der andere wie eine Lusche aus.
Das schickste Kleidungsstück der Männer war jedoch die Pelzmütze. Diese Mützen erzählten mehr
über ihre Träger, als diese selbst von sich wussten –
Karrierestand, politische Überzeugung, finanzielle
Möglichkeiten. Die Polizisten und Armeeoffiziere
trugen einen so genannten Fischpelz – Mützen aus
Kunststoff. Die jungen Streber hatten Kaninchen auf
dem Kopf, die Angestellten der mittleren Ebene einen Hund, ihre Chefs den Wolf, Parteibonzen trugen
Nerzmützen, und die Greise auf der hohen Tribüne
hatten bescheidene Lammfellmützen auf. Doch Kenner wussten, dass es bei denen auf die Innenseite an-
kam, die manchmal geradezu unbezahlbar war.

In den Achtzigerjahren wurde unsere Männermode durch Importwaren aus den sozialistischen Bruderländern beeinflusst. Es kamen die ostdeutschen »Präsentanzüge«, deren chemische Zusammensetzung bis heute geheim ist. Richtig verschwitzt konnte ein solcher Anzug von allein auf dem Boden stehen. Gleichzeitig aber löste sich der Stoff vollkommen auf, wenn man ihm mit einer Zigarette zu nahe kam.

Die Vorreiter in Sachen Männermode in unserem sozialistischen Lager waren jedoch die Ungarn. Wegen der ungarischen Cowboystiefel, der Turnschuhe und Bananenhosen, in Ostdeutschland »Karotte« genannt, übernachteten die Leute vor den Türen des großen Kaufhauses *Der Sportsfreund* in der Nähe unseres Hauses. Die besonders Schlauen kombinierten dann verschiedene Moderichtungen: Eine Wattejacke und dazu Cowboystiefel war zum Beispiel der Hammer in unserem Bezirk.

Viele Gäste aus dem Westen zeigten sich von unserer Mode beeindruckt. Als zum Beispiel Michael Jackson 1987 zu seinem ersten Konzert nach Moskau kam, wollte er nach einem Spaziergang durch die Stadt partout seine ganze Crew in Wattejacken und Filzstiefeln auf der Bühne sehen. Danach reiste er in dieser Uniform einmal um die Welt und machte die sowjetische Mode im Ausland bekannt. Sie hätte dort unter Umständen großen Erfolg haben können, dafür aber war es bereits zu spät. Mit dem Fall des Sozialismus wurde die Produktion von Wattejacken und Filzstiefeln drastisch reduziert und schließlich eingestellt. Die Bevölkerung musste sich den neuen kapitalistischen Verhältnissen anpassen, wobei sie sich prompt in Arm und Reich teilte. Der starke Westwind pumpte die ausländischen Konsumgüter ins Land, bei denen für jeden etwas dabei war. Die Armen bekamen unbegrenzten Zugang zu wiederauffüllbaren Feuerzeugen, Mickymaus-Aufklebern und Plastiktüten mit nackten Frauen darauf. Die Reichen bekamen Tennissocken für fünfhundert Dollar das Paar, fuchsiafarbene Anzüge und riesengroße Handys, im Volksmund »Röhren« genannt, die man immer in der Hand oder vor sich auf dem Tisch liegen hatte, um damit protzen zu können. Der neureiche russische Schick sollte den Eindruck von Reichtum vermitteln, deswegen waren bunte und große Sachen angesagt. Heute ist die russische Männermode viel bescheidener geworden. Sie ähnelt der deutschen, obwohl hier die Geschmäcker je nach Postleitzahl sehr unterschiedlich sind.

In Deutschland erinnern mich die Schwaben an die neureiche russische Art. Besonders die jungen Stuttgarter sind sehr aufgepeppt. Sie experimentieren gerne mit Klebstoffen im Haar, mit Lila und Gold. Ich weiß nicht, wo sie diese Sachen hernehmen, vielleicht kaufen sie in Russland ein. In München tragen junge Menschen dagegen gerne weiße Hemden und schwarze Anzüge. Das soll wahrscheinlich Unabhängigkeit signalisieren. In Bremen ist die Männermode punkig: Lederhosen, dicke Ohrringe und selbst gedrehte Zigaretten. Vielleicht gehe ich dort aber nur in die falschen Kneipen. Bei uns in Berlin ist die Männermode wesentlich durch die vielen Secondhand- und *Humana*-Läden beeinflusst, der Berliner zieht auch gern mehrere Sachen übereinander an, die Farbe spielt dabei keine Rolle, wichtig ist allein, dass alle Schichten zu sehen sind. Dazu gehört noch ein großer Rucksack und Furcht erregendes Schuhwerk. Viele sehen daher aus wie Skiläufer oder Bergsteiger, obwohl es in Berlin eigentlich gar keine Berge gibt.

TIPP:

Der **Märchenbrunnen** am ersten proletarischen Volkspark Berlins in Friedrichshain hat sich inzwischen zu einer Anlaufstelle für Schwule entwickelt, die schon immer tonangebend in Sachen Männermode waren. Im Neuköllner **Von-der-Schulenburg-Park** hat der Westen zwar ebenfalls einen Märchenbrunnen, dort treffen sich jedoch vor allem heterosexuelle Jungtürken, die modisch ganz anders drauf sind.

Berliner Hoppegarten

Als Fernsehfuzzi im Dienste des ZDF lernte ich die Stadt immer besser kennen und machte viele wichtige Erfahrungen. So begriff ich zum Beispiel, dass eine gute Fernsehsendung nicht unbedingt spannende Geschichten braucht, umso mehr aber starke Bilder. Der Moderator erzählt dann nur das, was jeder auch ohne seine Hilfe auf dem Bildschirm sehen kann. In einer der ersten Sendungen stand ich zum Beispiel vor dem Elefantengehege im Tierpark und sagte: »Wir befinden uns vor dem Elefantengehege im Tierpark, hier laufen lauter Elefanten herum, wie Sie ja selbst sehen können.« Dabei brachte ich ständig die Namen und Geschlechter der Elefanten durcheinander. Trotz der scheinbaren Oberflächlichkeit machte dieser Job Spaß.

Im Laufe des Jahres wurde es jedoch immer schwerer, ungewöhnliche Plätze mit einer ausgeprägten Bildhaftigkeit zu finden. Überall hatten wir schon gedreht: in der Alt-Cowboy-Stadt in Spandau, in der Unkenpfuhle von Marzahn und in der tadschikischen Teestube in Mitte. Anfang April rief mich die verantwortliche Redakteurin an. »Warst du schon auf der Galopprennbahn in Hoppegarten?«, fragte sie. »Die neue Rennsaison hat begonnen. Am kommenden Wochenende wird dort der große Preis von Dahlwitz vergeben.«

Von dieser Rennbahn hatten mir meine Freunde Traute und Peter König bereits viel erzählt. Sie interessierten sich schon seit zwei Jahrzehnten für Pferderennen und hatten schon mehrere Bücher über Pferde und ihre Jockeys geschrieben. Sogar ein Computerprogramm hatten sie entworfen, mit dem man jedes Rennen voraussagen konnte. Jahr für Jahr hatten sie dafür Informationen von allen Rennbahnen Deutschlands gesammelt und damit ihren Familien-Computer gefüttert, der diese Informationen auswerten und ihnen todsichere Tipps geben sollte. Doch als sie kurz davor standen, steinreich zu werden, kam die Wende und mit ihr hunderte neuer Pferde und Jockeys aus dem Osten, die das Computerprogramm völlig durcheinanderbrachten. Trotzdem blieb die Familie König ihrem Hobby treu und verpasste kein Rennen.

»Am Sonntag wird in Hoppegarten ein nationales Listenrennen stattfinden, was immer das auch ist«, meinte meine Redakteurin Ulrike. »Eine Drehgenehmigung haben wir bereits, es wird bestimmt lustig.«

Am Sonntagvormittag fuhren wir los.

Bevor das Rennen begann, wurden die Pferde und die Jockeys vorgeführt, damit das Publikum sie aus der Nähe beurteilen konnte.

»Wunderbar«, sagte Ulrike, »hier können wir die erste Einstellung drehen.«

Unser Kameramann baute die Kamera auf, guckte hinein und stellte fest, dass sie in die falsche Richtung zielte – man sah von den Pferden nur die Hinterteile. »Moment mal«, sagte er, »ich muss kurz umdisponieren.« Als er damit fertig war, waren die Pferde weg, und die Nächsten sollten erst in einer Stunde vorgeführt werden.

Das nationale Listenrennen begann. Wir rannten schnell an die Bahn und bauten dort die Kamera auf. Ich stellte mich an den Zaun und sagte: »Guten Tag, wir befinden uns hier in Hoppegarten, und jetzt sehen Sie ...«

Schwupps, rauschten die Pferde in Sekundenschnelle an uns vorbei. Die Menschenmenge am Zaun jubelte und rannte zu den Kassen, um die Gewinne zu kassieren. Einige Verlierer blieben am Zaun stehen und nippelten nachdenklich an ihren Bierflaschen. Wir bauten die Kamera blitzschnell wieder ab und rannten der Menschenmenge hinterher, um sie beim Abkassieren zu erwischen. Die Leute waren aber inzwischen schon alle wieder zurückgerannt – zum zweiten Rennen.

Ich muss meinen Text reduzieren, überlegte ich: »Guten Tag« und »Wir befinden uns in Hoppegarten« – das interessierte doch niemanden. Am besten fing ich gleich mit »jetzt« an.

Die zweite Runde ging los. Ich sagte: »Jetzt…«

»Uwe, du Arsch, gib Gas, du Pissnelke«, rief ein neben mir stehender Rennbahnbesucher. Zwei Hunde bellten ihn daraufhin laut an.

»Jetzt…«, sagte ich noch einmal, es war aber schon zu spät. Alle rannten zu den Kassen, wir hinterher.

»Irgendwas machen wir hier falsch«, meinte der Kameramann.

Alle wurden nachdenklich.

»Wir haben die Situation unterschätzt. Wir müssen uns nach den hiesigen Abläufen richten«, meinte Ulrike.

Sorgfältig bereiteten wir uns auf das dritte Rennen vor. In der Menge erkannte ich plötzlich meine alten Freunde – die Familie König. Wir umarmten uns.

»Was meinst du, Peter, wer als Nächstes gewinnen wird?«, fragte ich.

»Das ist eine ganz klare Sache«, meinte Peter, »Go-Go-Boy wird gewinnen. Ein gutes Pferd, ein erfahrener Jockey. Aber ich wette nicht auf Favoriten, die Quoten sind zu niedrig.«

Ich ging zur Kasse und setzte zehn Euro auf den Sieg von Go-Go-Boy. Außer mir wollte keiner aus unserem Team Wetten abschließen, sie misstrauten meinem Tipp. Das Rennen begann. Ich suchte mir einen Platz in der Menge ohne Hunde und durchgeknallte Fans.

»Jährlich werden in Hoppegarten über vier Millionen Euro verwettet. Einige gehen mit leeren Taschen nach Hause, doch die meisten werden, wie Sie gleich sehen werden, steinreich«, schaffte ich gerade zu sagen, da rauschte auch schon die Pferdestaffel an uns vorbei. Go-Go-Boy kam als Erster durchs Ziel. Ich rannte zur Kasse.

»Wir müssen wiederholen, du hast dich verhaspelt«, meinte Ulrike.

»Gern«, sagte ich und ging zum Ehepaar König, um einen neuen Tipp zu bekommen.

»Ein Kinderspiel«, seufzte Peter, »Highpoint wird die nächste Runde gewinnen. Ein starkes Pferd, ein erfahrener Jockey. Doch die Quote ist immer noch zu niedrig.«

Ich setzte alles, was ich hatte, auf Highpoint und ging zu meinem Team zurück. Alle machten sich über mich lustig. Das vierte Rennen begann.

»Wir befinden uns in Hoppegarten vor den Toren Berlins«, sagte ich in die Kamera und beobachtete gleichzeitig, wie mein Highpoint von irgendeinem blöden Pferd überholt wurde.

»Scheiße!«, rief ein bulliger Mann neben mir, der wahrscheinlich auch auf Highpoint gesetzt hatte.

»Wir befinden uns also im Poppegarten«, murmelte ich nervös weiter, während Highpoint plötzlich seinen Lauf änderte und es auf den letzten hundert Metern schaffte, sich nach vorne zu drängen. Der bullige Mann und ich riefen »Hurra!« – und rannten zur Kasse. Das Kamerateam blieb fassungslos an der Rennbahn zurück. Auf dem Rückweg besuchte ich erneut das Ehepaar König in ihrer VIP-Loge.

»Jetzt wird es richtig interessant«, erzählte Peter. »Alle Pferde in der nächsten Runde sind gleich schlecht, alle Jockeys gleich unerfahren, aber einer muss ja trotzdem gewinnen. Ich glaube, dass die Nummer sechs gute Chancen hat. Ja, ich glaube, die wird es machen. Die Nummer sechs. Oder die sieben«, fügte er nach einer Pause hinzu. »Die Quoten sind bei beiden sehr hoch.« Ich ging zu meinem Kamerateam zurück. Die Kollegen wirkten inzwischen ziemlich aufgeregt.

»Was hat dein Freund gesagt?«, fragten sie mich.

»Die Nummer sechs, hat er gesagt, oder die Nummer sieben«, berichtete ich.

Wir rannten zur Wettannahmestelle. Der Tonmann setzte auf sieben, die Redakteurin auf sechs, der Kameramann auf beide.

»Wollen wir nicht noch irgendwas drehen?«, fragte ich.

»Später, später, ein andermal«, meinten die Kollegen.

Die Pferde rauschten wieder an uns vorbei. Es war das letzte Sonntagsrennen, und mit Erstaunen schaute ich auf die Uhr und stellte fest, dass wir schon über fünf Stunden auf der Rennbahn waren. Weder Nummer sieben noch Nummer sechs gewann diese Runde. Peter schüttelte den Kopf und meinte, selbst Götter könnten sich irren.

Manchmal macht das Fernsehen richtig Spaß, dachte ich auf dem Weg nach Hause und zählte meine Verluste. Mit dem Zwei-Minuten-Material, das wir trotz der schweren Arbeitsbedingungen in Hoppegarten gedreht hatten, konnte unsere überaus begabte Redakteurin dann sogar noch eine tolle Sendung zurechtschneiden.

TIPP:

Wenn Sie lieber auf Traber setzen wollen, haben Sie die Wahl zwischen der **Trabrennbahn in Karlshorst** (Ost) und der in **Mariendorf** (West). Wer aber wirklich bereit ist, etwas zu riskieren, sollte sich zu den **Kakerlakenrennen** beim russischen Künstler Makarow einfinden, die an unterschiedlichen Orten stattfinden. Mein Tipp: Ob Pferde oder Kakerlaken, setzen Sie auf Tiere aus dem Osten, die noch nie im Westen gelaufen sind.

Berliner Wirtschaft

Das hatte ich schon lange vermutet, konnte es aber nie beweisen: Die Beschäftigungsstatistik legt nun nahe, dass weniger als zehn Prozent der arbeitsfähigen Bevölkerung in Berlin in der Großindustrie tätig ist. Die Produktion von Massenwaren wird zum größten Teil also nicht mehr von Männern mit Schutzhelmen gewährleistet, die man gelegentlich im Fernsehen sieht, wo sie aufgebracht für ihre Arbeitsplätze und Löhne demonstrieren, sondern von anspruchslosen Robotern, die außer Strom so gut wie nichts brauchen. Sie sind so programmiert, dass die Herstellung von Massenware der alleinige Sinn ihrer Existenz ist.

Die Welt der Holdings und Multis weicht immer mehr vom real existierenden Arbeitsmarkt ab. Lebendige Menschen haben in den Großbetrieben kaum noch etwas zu suchen. Zwar sind die Osteuropäer und die Chinesen angesichts der steigenden Stromkosten den Robotern zurzeit noch eine starke Konkurrenz, doch früher oder später wird es der Großwirtschaft bestimmt gelingen, die Produktionskosten gegen null zu senken. Entweder werden sie solche Roboter erfinden, die unter Umständen bereit wären, auch ohne Strom zu arbeiten, aus einprogrammierter Überzeugung quasi, oder sie werden die bereits bewährten Roboter mit den zahlreichen deutschen Windkraft- beziehungsweise Biogasanlagen kurzschließen. So oder anders werden die schlauen Manager einen Weg finden, die letzten Arbeiter aus der Massenproduktion zu verjagen.

Je weniger Menschen in den großen Betrieben tätig sind, umso mehr steigen bei den mittelständischen Unternehmen ein. Diese Tendenz ist seit drei Jahrzehnten steigend, und in Berlin ist mittlerweile die ganze Stadt in kleinen Betrieben untergekommen. Das kann ein Lebensmittelladen, eine Elektrofirma oder eine Kneipe sein – als mittelständischer Betrieb zählt jeder, der weniger als tausend Mitarbeiter beschäftigt. Und über neunzig Prozent aller Kleinbetriebe haben weniger als zwanzig Beschäftigte. Die Kriterien für ein mittelständisches Unternehmen sind einleuchtend: Es muss eine Wirtschaftsweise ausüben, bei der es nicht auf die Menge ankommt. Das heißt zum Beispiel für eine Kneipe, nicht gleich alle Kunden bis zum Deckel abzufüllen. Außerdem muss so ein Unternehmen Flexibilität zeigen, eine geringe Wettbewerbsfähigkeit haben und ruhig ab und zu einmal pleitegehen. Aber das wichtigste Kriterium – anders als bei den Großkneipen, die in ihren unzähligen Filialen anonyme Roboter am Tresen einsetzen: Ein mittelständischer Betrieb muss stark durch die Persönlichkeit des Unternehmers geprägt sein. Diese Personifizierung ist der größte Trumpf eines Kleinbetriebes, wenn es um das Überleben in Zeiten der Globalisierung geht.

Berlin funktioniert wie ein Kleinbetrieb. Alle meine Nachbarn, Freunde und Bekannten sind laufend bei den unterschiedlichsten kleinen Klitschen beschäftigt, wenn sie nicht gerade arbeitslos sind. Die Karrieren, die sich hier die meisten zulegen, können sehr verwickelt sein und zeugen von großer Flexibilität. Vom Schuhverkäufer zum Solariumsbesitzer, vom Übersetzungsbüroleiter zum Fotolabormitarbeiter ist es oft nur ein kleiner Schritt. Jeder Tag bringt eine Pleite und eine Neugründung auf unsere Straße. Nur meine vietnamesischen Nachbarn sind über Jahre hinaus ihrem nach der Wende angenommenen Beruf des Gemüsehändlers treu geblieben. Von früh bis spät sitzen sie mit ihren Kindern und Verwandten in ihrem Laden und spielen auf einem quadratmetergroßen Stück Karton die fernöstliche Variante des Kreuz-Nullen-Spiels, mit hunderten von Kreuzen und Nullen, die sich scheinbar willkürlich auf dem Papier ausbreiten. Dazu hören sie vietnamesische Volksmusik. Sie sind die vorbildlichsten Mittelständler, die ich überhaupt kenne, denn ihr Laden ist stark durch ihre Persönlichkeiten geprägt. Außerdem machen sie sich anscheinend keine Sorgen wegen der begrenzten Wettbewerbsfähigkeit des Ladens. Ihre Beschäftigung scheint auf mehrere Jahre vorprogrammiert zu sein. Sie ernähren sich in den Pausen von dem Gemüse, das sie im Laden vorrätig haben, dann spielen sie weiter. Ein zufälliger Kunde wird niemals herausfinden, wer denn nun endlich gewonnen hat.

Während ich diese Zeilen in einem mittelständischen Berliner Café schreibe, versucht draußen ein musikalischer Kleinbetrieb, meine Aufmerksamkeit auf sich zu lenken. Direkt mir gegenüber vermarkten unter einer U-Bahn-Brücke fünf Musiker ihren Rock'n'Roll an das vorübergehende Publikum. Dieses Kleinkollektiv ist durch die Persönlichkeit seines

Trompeters vielleicht sogar zu stark geprägt. Der Trompeter übertreibt es deutlich mit seiner Eigeninitiative und Risikobereitschaft, er bläst dermaßen schräge Töne, dass die Fußgänger vor lauter Angst zur Seite springen oder bei Rot über die Straße laufen. Die Arbeit in einem mittelständischen Betrieb ist ohne Rücksicht auf die Kollegen nicht denkbar. Bald wird es auch unter dieser U-Bahn-Brücke Entlassungen geben.

TIPP

In Berlin-Marzahn, im Gewerbegebiet an der Rhinstraße, befindet sich die erste große Vietnamesen-Markthalle, das **Asiatische Handelskontor.** Hier werden Tonnen von Plastikblumen, kleinen Hundestatuen, Turnschuhen, Feuerzeugen und lebenden Krebsen aus Brandenburg vermarktet. Es fällt auf, dass viele Vietnamesen, die dort arbeiten, eine deutsche Freundin haben. In einer der Kantinen kochen die Frauen deutsch-vietnamesisch: Suppe mit Glasnudeln und Wurst beispielsweise. Ausgehend von der Marzahner Großmarkthalle haben sich neuerdings im Bezirk Lichtenberg zwei neue noch größere Asia-Großmärkte angesiedelt: das **China Trade Center** an der Ecke Herzberg- und Vulkanstraße und das **International Trade Center** mit Pagode in der Marzahner Straße.

Berliner Fauna

Wer in einer Großstadt aufwächst, hat kaum Zugang zur Tierwelt. Wenn zum Beispiel meine Kinder in den Zoo gehen, sind sie ziemlich misstrauisch den dortigen Bewohnern gegenüber. Die staubigen Kamele, die ständig um sich kackenden Elefanten und die müffelnden Löwen nehmen sie als Lebewesen fast gar nicht wahr. Viel vertrauter wirken auf sie dagegen die alten Bekannten aus dem Fernsehen: die mutige Biene Maja und der junge intelligente Hirsch Bambi oder die anderen sprechenden Tiere aus den Kinderbüchern. Sie sehen gut aus, tragen saubere Unterwäsche und riechen nicht nach vergammelten Fritten.

Deswegen haben meine Kinder von ihrem letzten Zoobesuch nur solche Erinnerungen behalten, die nichts mit der Fauna zu tun haben. Mein dreijähriger Sohn schwärmte noch lange von einem großen verrosteten Rohr, das dort in einer Ecke lag und in das er hineinkroch. Und meine Tochter war stärker von der U-Bahn-Fahrt und der Fahrkartenkontrolle beeindruckt als von den Tieren im Zoo.

Mehr Herz für Tiere kann man von den Großstadtkindern kaum erwarten, denn in ihrem Alltag treffen sie so gut wie nie aufeinander. Die Fauna bei uns im Prenzlauer Berg ist recht karg. Es gibt dort nichts außer ein paar Heuschrecken und Ratten am Arnimplatz, die vom dortigen Alkoholiker-Verband ernährt werden, und ein paar platt gefahrenen Tauben auf der Schönhauser Allee, die man den Kindern am besten gar nicht zeigen sollte, weil sie ihre ursprüngliche Form längst verloren haben und zum Zweck der Tierweltaufklärung nicht mehr taugen. Darüber hinaus kann man an manchen sonnigen Tagen mit Glück ein oder sogar mehrere Kaninchen im Ernst-Thälmann-Park an der S-Bahn-Kurve erwischen. Doch diese Tiere sind dort nicht von Natur aus zu Hause. Sie werden von den zahlreichen Kanincheninhabern des Bezirkes dort hingebracht, die einfach zu viele davon haben oder keinen Platz mehr auf dem

Balkon. Im Ernst-Thälmann-Park vermehren sich die überflüssigen Kaninchen munter weiter. Immer wieder beobachte ich hier außerdem einen fetten Wellensittich, der auf dem Asphalt sitzt. Diese kleinen niedlichen Wesen neigen dazu, aus den Fenstern zu fallen. Wahrscheinlich wollen sie sich selbst und anderen beweisen, dass sie fliegen können. Und oft stimmt es sogar, sie können es. Nur wohin? Also sitzen sie da und überlegen. Sofort umkreisen Dutzende hungriger Spatzen einen solchen Wellensittich. Sie meinen es nicht gut mit ihm.

Um in Prenzlauer Berg als Vogel zu überleben, muss man klein, schnell und asphaltgrau sein, keine Angst vor der Straßenbahn haben und im Flug einem Fußgänger einen halben Kilo schweren Döner Kebap aus den Händen reißen können. Das kann ein Wellensittich einfach nicht. Diese bunten Exoten haben auf der Straße keine Chance. Deswegen fliegen sie, wenn sie nicht dumm sind, zu den Rieselfeldern am Rand der Stadt und bilden dort Schwärme. Mein Freund und Kollege Helmut Höge erzählte mir neulich, dass die wild gewordenen Wellensittiche an der Falkenberger Chaussee sogar alle anderen Vogelarten verdrängt haben und nun die Ränder von Lichtenberg dominieren. Und das ist wiederum das Gute an einer Großstadt – dass hier jede Fauna ein kleines

Streifchen Erde für sich findet, wo sie dann weiter wachsen und gedeihen kann. Wenn sie nicht von einem Laster überfahren wird.

TIPP:

Im **Treptower Park** singen inzwischen sechsunddreißig Nachtigallen. Eine davon, die die FU-Ornithologen »Peking« nennen, ist bereits zum sechsten Mal aus Afrika dorthin zurückgekehrt. Ein Rekord. Im **Dahlemer Botanischen Garten** hat man die Wende zur ökologischen Schädlingsbekämpfung vollzogen. Die Botaniker ersetzten die Chemikalien in den großen Gewächshäusern durch ausländische Vögel, Kröten, Spinnen und Eidechsen, die man jedoch meist nur auf den Schildern sieht.

Deutsche Zeitzonen

Bin ich etwa zu schnell? Seit fünf Jahren mache ich
den Job eines deutschen Schriftstellers, und trotzdem
fragen mich die Leser in der Provinz jedes Mal, warum ich nicht auf Russisch schreibe. Weil hier niemand Russisch versteht, erkläre ich. Damit sie mich
im Original lesen können, damit wir miteinander
sprechen können. Ich bin ein deutscher Autor, ich
habe keine einzige Zeile in einer anderen Sprache
verfasst. Hier sind meine Bücher und hier mein Pass.
Das Publikum lächelt und weigert sich beharrlich,
mich als deutschen Autor zu akzeptieren. Mal stellt
es mir unauffällig eine Flasche Wodka aufs Lesepult,

mal einen Samowar. Oder es will mir seine Lieblings-
matroschkas schenken.

Dieser Affenzirkus nimmt kein Ende. In Weimar
wurde ich am Bahnhof von einem russischen Rent-
nerchor empfangen und in dem schicken Fünf-
Sterne-Hotel *Russischer Hof* einquartiert. Nicht irgendwo im Keller, sondern in dem berühmten
Zarenzimmer im vierten Stock.

»Viele herausragende Persönlichkeiten, die unsere
Stadt besucht haben, haben hier übernachtet«, erzählte mir die Hotelchefin. »Johann Sebastian Bach,
Wolfgang Amadeus Mozart, Horst Köhler mit Gattin…«

Die Liste der namhaften Gäste hing vor dem Zarenzimmer im Korridor. Als letzter Gast hatte sich
dort Michail Gorbatschow eingetragen. Eine tolle
Gesellschaft, dachte ich, auf dem Zarenklo sitzend.
Aus Langeweile machte ich den Jacuzzi an. Die Press-
luft schäumte ein Bündel knallroter Haare an die
blubbernde Wasseroberfläche, die gar nicht nach
Gorbatschow aussahen, auch nicht nach Horst Köhler mit Gattin. Vielleicht waren sie von Johann Sebastian Bach? Er musste aber unter einem bedenklichen
Schamhaarausfall gelitten haben. Schnell einsammeln und bei eBay anbieten!, überlegte ich kurz, ver-
warf diese Geschäftsidee dann wieder. Das ist die

Langsamkeit der Provinz, beruhigte ich mich im Zarenjacuzzi liegend. Früher oder später werden sie kapieren, dass ich keine Matroschka bin. Die Menschen hier sind einfach nur einen Tick langsamer. Sie laufen langsamer, reden langsamer, und sie denken auch langsamer. Sogar die automatischen Türen gehen in den Kleinstädten langsamer auf, mit einer geschätzten Vier-Sekunden-Verzögerung, damit die Bewohner noch durchkommen. Ich aber als hektischer Berliner knallte an einem Tag gleich dreimal mit dem Kopf gegen die Glastür – zweimal am Bahnhof mit dem Chor, einmal im Hotel.

Bei den Lesungen außerhalb Berlins versuche ich stets, langsamer zu sprechen und längere Pausen zu machen. Und trotzdem komme ich mir viel zu schnell vor. Es gibt in Deutschland zwei Zeitzonen: die Berliner Schnellzeitzone und die langsame Zone drum herum. Die langsame beginnt gleich in Brandenburg. Dort hatten zwei alte Kumpel von mir neulich die gute Geschäftsidee, ihr Grundstück zu einer Weinbergschnecken-Farm umzubauen. Sie meldeten sich in Frankreich für einen Schneckenzüchter-Workshop an, kauften dort anschließend sechstausend unterkühlte Weinbergschnecken und brachten sie nach Brandenburg. Die aufgetauten Weinbergschnecken sollten sich in einem alten ausgetrockneten Pool hemmungslos vermehren und meine Freunde reich machen. Stattdessen hauten sie alle ab. Die beiden Züchter kamen zu mir in die Disko und erzählten, sie hätten die Tierchen komplett unterschätzt. Die Schnecken waren nicht so dumm, wie sie aussahen. Kaum aufgetaut, krochen sie schon aus dem Pool und verschwanden in der Wüste Brandenburgs. Schnell wie eine Rakete, beschwerte sich mein Freund. Er war nur kurz aus dem Haus gegangen, um eine Zeitung zu holen, und als er wiederkam, waren alle weg. Noch Wochen danach hätten die Vögel im Garten alle rot geschissen.

TIPP

Die Bewohner der deutschen Schnellzeitzone sind in besonderem Maß auf ausgefallene Uhren fixiert. Zu den wichtigen Sehenswürdigkeiten der Stadt zählen deswegen die **Mengenlehreuhr** an der Budapester Straße und die **Wasseruhr** im Europacenter sowie ihre Antagonisten – die **Weltzeituhr** am Alexanderplatz und die »**größte Uhr Europas**« am halb leer stehenden Marzahner Hochhaus »Pyramide«.

Berliner Hochzeiten

Heiraten ist in Deutschland unpopulär geworden, und die Nettoreproduktionsrate geht auch ununterbrochen nach unten. Die meisten Berliner, die ich kenne, führen ein Familienleben ohne Trauschein und das seit Jahrzehnten. Sie stehen zueinander in guten und schlechten Zeiten, teilen gerecht ihre Ernte auf, und die Väter erkennen regelmäßig ihre eigenen Kinder an und ziehen sie groß, ohne ihre privaten Beziehungen dem Staat zu offenbaren und sich amtlich zum Ehegattendasein zu verpflichten. Erwachsene Menschen brauchen keine Beamten und keine Zeugen, um einander das Jawort zu geben. Der Vorteil einer solchen Lebensgemeinschaft ist: Man spart jede Menge Papierkram, muss seine Zeit nicht in den Gängen irgendwelcher Ämter vergeuden, und sollte das Familienleben scheitern, ist die Tür für beide Seiten immer offen. Man ist niemandem Rechenschaft schuldig.

Als offiziell verheirateter Behördenhasser muss ich trotzdem zugeben, dass von allen Angelegenheiten, die in Berlin bürokratisch geklärt werden, eine Amtsheirat die schönste ist. Die Beamtin trägt ein schickes Kleid und holt aus dem Wandschrank einen Kassettenrekorder. Man darf sogar seine Lieblingsmusik mitbringen und zusehen, wie die Beamtin zu dem beliebten Punksong »Anarchy in the UK« strammsteht. Ich fand das lustig. Nur verstehe ich aber auch die Leute, die sich eine solche festliche Amtsmaßnahme ersparen wollen. Sie ist jedoch unvermeidlich, wenn die Braut oder der Bräutigam aus dem Ausland kommen. Und nicht aus irgendeinem Ausland, sondern aus dem schlechten Ausland der Gruppe B, die über einen extra Eingang in der Ausländerbehörde verfügt. Die Beamten dort glauben natürlich nicht, dass die Zugereisten aus der Gruppe B die Deutschen wirklich lieben. Wofür auch? Aber sie verführen die Deutschen und verdrehen ihnen den Kopf, um an deren fette Sozialhilfe heranzukommen. Die Behörde muss die Bürger schützen. Denn alles vergeht früher oder später, auch die Liebe und sogar die Scheinliebe. Die Sozialhilfe aber bleibt in der Staatskasse, denken sie.

Die Standesbeamten sind in der Regel nett und freundlich und heißen alle herzlich willkommen, die in ihren Vorzimmern sitzen: hübsche muskulöse Afrikaner mit älteren deutschen Damen, pickelgesichtige Jungs mit jungen Thailänderinnen und reife wohlhabende Germanen mit schicken weißrussischen Bräuten. Sie sprechen mit jedem. Immerhin ist Deutschland ein demokratisches Land, und jeder darf hier Anträge ausfüllen, bis ihm übel wird. Sie verlangen Unterlagen, die phantastische Namen tragen und in den Ländern der Gruppe B schwer aufzutreiben sind. Allein schon das Wort »Ehefähigkeitszeugnis« ist in kaum eine Sprache jener Länder übersetzbar. Doch wenn die Heiratskandidaten nicht völlige Idioten sind, besorgen sie alle Papiere und werden verheiratet. Die deutsche Stahlhelmbehörde wird von den dienstleistungsorientierten Behörden der Länder der Gruppe B inzwischen mit jedem erdenklichen Nachweis beliefert, sogar ein Jungfräulichkeitszeugnis bei mehrfachen Müttern ist kein Problem mehr. Also muss die Beamtin nach einer gewissen Zeit doch ihren Kassettenrekorder mit der

Mendelssohn-Kassette aus dem Wandschrank klappen.

Mit der standesamtlichen Eintragung bekommt der Ausländerteil nicht automatisch das Aufenthaltsrecht in Deutschland. Denn die frisch Verheirateten könnten sich ja rein theoretisch für ein glückliches und zufriedenes Leben in einem der Länder der Gruppe B entscheiden. Wenn das nicht der Fall ist, müssen sie zur Ausländerbehörde, die es sich zur Aufgabe gemacht hat, gemischte Ehen in Deutschland auszurotten. Dort wird nicht mehr Mendelssohn gespielt und nicht mehr über die Liebe gesprochen. Auch die Ehefähigkeit des Partners interessiert dort niemanden mehr. Dem deutschen Staatsbürger wird erklärt, dass er sich im Falle einer Scheinehe strafbar macht, hundertprozentig im Knast landet und nie wieder herauskommt. Dem Ausländer wird klargemacht, es wäre besser für ihn gewesen, er hätte nie sein Land der Gruppe B verlassen. Noch ist es nicht zu spät, noch kann er zurück. Die Verheirateten werden einzeln verhört.

Inzwischen haben die Mitarbeiter der Ausländerbehörde eine solche Meisterschaft erreicht, dass es dort tatsächlich nur der ganz großen Liebe gelingt durchzukommen. Wer seine Beziehung mit Würde durch die Hölle der Ausländerbehörde getragen hat, wird seine Ehe zu schätzen wissen. Neulich heiratete eine Freundin von uns, eine Staatsangehörige der Gruppe B, zum zweiten Mal einen Deutschen – ein kurioser Fall, der wahrscheinlich alle hundert Jahre einmal vorkommt. Die Beamtin war außer sich vor Wut und las die entsprechende Akte von Anfang bis zum Ende laut vor.

»Das ist doch nicht zu fassen«, rief sie schließlich. »Ich kann gar nicht so schnell lesen, wie sich dein Leben verändert!« Der deutsche Bräutigam, ein fanatischer Fußballspieler, den es zum ersten Mal in die Ausländerbehörde verschlagen hatte, regte sich auf und wollte nicht geduzt werden. »Und du, raus hier«, beschied ihn die Beamtin barsch. Es gab einen großen Zirkus, der aber dem Amt nichts nützte: Die beiden bekamen ihren Antrag am Ende doch durch.

»Du triffst doch manchmal auf Politiker. Falls du in nächster Zeit irgendwohin eingeladen wirst, wo Herr Schily auch ist, nimm mich mit, ich muss kurz mit ihm reden«, sagte der Fußballer hinterher zu mir.

Ich werde ihn natürlich nicht mitnehmen. Der Fußballer war nämlich früher Boxer und neigt zur Unsachlichkeit.

TIPP:

Mein Ausgehtipp ist in diesem Fall **Dänemark**. Dort gibt es gleich mehrere Orte, an denen man innerhalb von vierundzwanzig Stunden verheiratet wird, egal, ob mit Mann oder Frau. Diese Ämter sind vor allem für Heiratswillige mit problematischer Dokumentenlage interessant. Die Dänen (Habe die Öre) sprechen von »komplizierten und dringenden Fällen für die Bürger der ehemaligen UdSSR« und ganz allgemein von einer »Express-Heirat für binationale Paare«.

Berliner Aberglaube

In schweren und in guten Zeiten sucht jeder Mensch nach geheimen Symbolen und versteckten Zeichen; er kann nicht überleben, ohne an irgendetwas zu glauben. Zyniker und Romantiker, Propheten und Atheisten – alle glauben an irgendetwas. Es hilft und erschöpft sie gleichzeitig. Der US-Präsident glaubt an Gott. Mein Sohn an Peter Pan. Ich versuche immer, nicht auf Gullis zu treten, weil ich glaube, das bringt Unglück.

Viele meiner Landsleute glauben immer noch an die Werbung aus dem Westen. Sie glauben tatsächlich, dass es für die neue flexible Zahnbürste Assex keine schwer erreichbaren Stellen gibt, obwohl die Russen, wie alle anderen Völker dieser Welt, an wirklich schwer erreichbaren Stellen überhaupt keine Zähne haben. Außerdem glauben fast alle in Russland, dass man nie abends seine Schulden zurückzahlen soll, da man sonst arm wird. Man darf ein Buch nicht über Nacht offen liegen lassen, sonst verliert man morgens sein Gedächtnis. Und man muss mit den Füßen immer nach Osten schlafen, weil sich dort das Paradies befindet. Wenn man im Schlaf stirbt, muss man nur geradeaus gehen. Wenn die linke Hand juckt, kommt Geld in die Tasche. Wenn die rechte Hand juckt, trifft man einen Freund. Wenn man eine Sternschnuppe vom Himmel fallen sieht, hat man einen Wunsch frei.

Die Deutschen glauben, dass die Zahl dreizehn Unglück bringt, dass man zurückgehen muss, wenn man über die Schwelle gestolpert ist, und dass Bier in braunen Flaschen schlecht wird. Viele glauben auch an die schwarze Katze, die einem in die Quere kommt: Läuft sie von rechts – pecht's, läuft sie von links – das bringt's.

Auch die Russen glauben an die schwarze Katze, nur anders als hier bringt sie immer Unglück, egal, ob sie von links oder von rechts kommt. Meine Landsleute sind Fatalisten, sie glauben gerne an das Ende der Welt, an das große Schwarze Loch und dass die Sonne bald erkaltet. Das hilft ihnen weiterzukommen. Die Deutschen glauben an den Schornsteinfeger und dass es Glück bringt, wenn man ihn trifft. Und dass man zu Weihnachten überall im Haus Münzen hinlegen muss, um im nächsten Jahr reich zu werden. In Russland sind die Chancen, einem Schornsteinfeger zu begegnen, gleich null. Dafür gelten dort Spinnen als Liebesbriefe und Kakerlaken als Geldbringer. Hauptsache man glaubt daran und zweifelt nicht. Denn wer zweifelt, wird nie glücklich und reich.

Neulich äußerte der Papst in einer Rede: »Die Tatsache, dass immer noch Kriege geführt werden, stellt für die Menschheit ein großes Problem dar. Ein noch größeres ist jedoch das Schweigen Gottes. Es scheint, als würde er sich für das menschliche Treiben auf Erden gar nicht mehr so interessieren.« Wer hat dem Papst das bloß in seine Rede geschrieben? Viele Katholiken waren empört, die zuständigen Behörden im Vatikan ermitteln.

Von allen Zweifeln unberührt bleiben zum Glück die schwarze Katze, die juckende Hand, der Schornsteinfeger und die Spinne. Und natürlich der Schluckauf. Wenn man einen bekommt, bedeutet das immer: Jemand liebt dich, jemand denkt an dich, jemand sucht dich.

TIPP

Den großen Kirchen gegenüber sind die Berliner glaubens-faul. Die zahlreichen protestantischen sowie katholischen Häuser stehen meistens leer. Die Lutheraner versuchen des-wegen das Publikum mit Punkkonzerten und ähnlichen Ver-anstaltungen in ihre Gotteshäuser zu locken. Unter dem Motto »Auch Jesus hat Partys gefeiert« öffnen sie ihre Türen so weit wie möglich und verkaufen sogar Bier und Wein. Die Katholiken setzen dagegen eher auf den Da Vinci Code und den Zorn Gottes. Beide Glaubenshäuser würden gerne ei-nen Großteil ihrer ständig renovierungsbedürftigen Immo-bilien verkaufen – nur natürlich nicht an einander. Sie lassen ihre gemeindelosen Kirchen zu Schwimmbädern, Clubs oder Jugendhotels umbauen. Alles ist möglich, außer einer Mo-schee. Die bekanntesten Berliner Kirchen sind die **Ge-dächtniskirche** am Breitscheidplatz und die zu einem Multifunktionsraum umgebaute **Heilig-Kreuz-Kirche** am Halleschen Tor. Gut für die Seele ist auch ein Besuch im **Buddhistischen Kloster** in Frohnau, das derzeit von Mönchen aus Sri Lanka betreut wird, die ihrerseits von Mäd-chen aus Thailand versorgt werden.

Eine Vision für Berlin

Meine erste Rede
als Bürgermeisterkandidat

Spekulation und nicht Produktion ist der wahre Kern des Kapitalismus. Verständlicherweise wurden die Möglichkeiten der Aktienspekulation lange Zeit ausgeblendet. Im Kampf der Ideologien brauchte der Westen einen Kapitalismus mit menschlichem Antlitz – sozial gerecht, ethisch, moralisch, traditionsbewusst und ohne ins Auge stechende Armut. Die Politik investierte in dieses Modell, um gegen den Sozialismus zu bestehen. Das hat gut funktioniert:

Der Sozialismus gab nach, und mit ihm ging auch der Kapitalismus mit menschlichem Antlitz unter. An seine Stelle trat der gemeine Kapitalismus, frech und gewissenlos. Er verlieh der Wirtschaft den richtigen spekulativen Schwung, alles ging auf einmal wie im Flug, vor allem die Arbeiter. Sie flogen als unnützer Kostenfaktor sogar am schnellsten (die Treuhand sprach anfangs von »Großflugtagen«), denn der gemeine Kapitalismus wollte spekulieren, nicht produzieren. Die Politik machte nun mit dem Kapitalismus andere Geschäfte. Mit Hilfe der Politik wurden die Gewinne privatisiert, die Verluste dagegen verstaatlicht. Aufgrund eines solchen Geschäfts hat zum Beispiel die Stadt Berlin einen Schuldenberg abzutragen, an dem die Bewohner völlig unschuldig sind. Die Politiker und Bankiers, die für ihn verantwortlich sind, leben inzwischen schuldenfrei auf Hawaii.

In einer so stark verschuldeten Stadt war der Job des Bürgermeisters bisher darauf reduziert, regelmäßig Steuern als Zinszahlung für bestehende Schulden zu überweisen. Sollte einmal etwas in der Staatskasse übrig bleiben, bekam es die Oper. Da ist nichts zu machen, niemand will uns helfen, klagte der Bürgermeister. Aber statt sich wie eine beleidigte Leberwurst aufzuführen, sollte die Stadt sich die Regeln des Gegners zu eigen machen und sich in eine Firma verwandeln. Am besten in eine Aktiengesellschaft, deren Aktionäre die Einwohner sind.

Als Bürgermeister würde ich für das alte überschuldete Berlin daher Pleite anmelden und gleichzeitig eine neue Stadt gründen: die New Berlin AG – potent, kreativ und unverschuldet. Das alte Berlin steht dann natürlich zur Auktion. Nicht ausgeschlossen, dass wir ein paar Bezirke an private ausländische Investoren verkaufen müssen. Welche Bezirke das sind, könnten wir per Volksentscheid festlegen, obwohl ich persönlich am liebsten die fünf Bezirke loswerden würde, die letztes Jahr für die NPD gestimmt haben. Sie werden an ausländische Investoren mit ehrgeizigen Projekten und großen Bauvorhaben verkauft. Mir schweben da die längste Achterbahn der Welt, die größte Moschee Europas oder ein Scientology Center vor. Und in einem, höchstens drei Jahren, wenn die ausländischen Investoren von unseren Mitbürgern genug haben werden und die Flucht ergreifen, kaufen wir die Bezirke zu einem symbolischen Preis von je zehn Euro zurück. Wobei natürlich nur mit Aktien unseres neuen Berlins bezahlt wird.

Gleichzeitig wird unsere AG die Welt mit ihrem Know-how erobern. Als erste virtuelle Stadt lassen wir Berlin mit allen seinen Bewohnern, Sehenswürdigkeiten, Clubs, Wurst- und Dönerbuden, Theatern und Konzerten im Internet eins zu eins nachbauen. Wir werden die erste Touristenstadt sein, die man besuchen kann, ohne die Wohnung zu verlassen. Das spart Sprit und schützt die Umwelt. Die Aktie der Berlin AG wird sofort in die Höhe schießen, wir alle werden reich. Das kann aber nur geschehen, wenn Sie, liebe Bürger, mich zum Bürgermeister wählen. Je schneller, desto besser, denn sonst sind wir verloren.

Anhang

Alle Angaben zu Öffnungszeiten, Adressen etc.
entsprechen dem Stand bei Drucklegung
und sind ohne Gewähr.

Alexanderplatz

Berlin Alexanderplatz (Mitte)

Ein zentraler Platz und Verkehrsknotenpunkt der östlichen Stadt-
hälfte Berlins, dank Alfred Döblin auch bekannt als Schullektüre
unter dem Namen »Berlin Alexanderplatz«. Benannt ist der
»Alex« nach Zar Alexander, der hier auf dem Paradeplatz vor dem
alten Königstor 1805 zu einem Besuch empfangen wurde. In grauer
Vorzeit war der Alex ein Viehmarkt und hieß »Ochsenmarkt«.
Einige Jahrhunderte und viele Umgestaltungen später wurde der
Platz in den 60er Jahren erneut verändert. Das Konzept lehn-
te sich an das des Roten Platzes in Moskau an: viel Platz für Kund-
gebungen, Großveranstaltungen und Paraden. Am 4. November
1989 fand hier kurz vor dem Fall der Mauer die größte Demons-
tration gegen das DDR-Regime statt. Auf dem Alex befinden sich
heute der Brunnen der Völkerfreundschaft und die Weltzeituhr.
Nicht auf dem Platz befinden sich der Fernsehturm – der steht an
der Panoramastraße – und das Rote Rathaus, das ein paar hundert
Meter südlich an der Rathausstraße steht.

Altes Museum auf der Museumsinsel

Lustgarten (auf der Museumsinsel)

10178 Berlin (Mitte)

Das Alte Museum hieß bis 1845 »Königliches Museum« und wurde zwischen 1823 und 1830 wie so vieles von Karl Friedrich Schinkel erbaut. Allerdings hatte ihm Friedrich Wilhelm III. dankenswerterweise ein paar eigene Entwürfe und eine Bleistiftskizze des Hauptgebäudes zukommen lassen. Das Alte Museum ist die Keimzelle der Berliner Museumslandschaft und ein viel besuchter touristischer Anlaufpunkt. Es beherbergt die Antikensammlung der Staatlichen Museen zu Berlin, und seit August 2005 zeigt dort auch das Ägyptische Museum seine Exponate inklusive der Büste der Nofretete – zumindest, bis das Neue Museum fertig ist.

Öffnungszeiten:

Mo–So: 10.00–18.00 Uhr

Do: 10.00–22.00 Uhr

Asiatisches Handelskontor

Rhinstraße 132 / Meeraner Straße 9

12681 Berlin (Marzahn)

Im Oktober 2003 wurde das Asiatische Handelskontor auf dem Gelände des Industrie- und Gewerbeparks Rhinstraße 100 eröffnet. Das Handelskontor bietet in zwei Hallen mit etwa 80 Geschäften auf 10.000 m^2 alle Schätze Asiens: Glitzer-T-Shirts, Kunstblumen, Zitronengras, asiatisches Bier, Säcke voll Reis und vieles mehr. Natürlich dürfen Karaoke-Shops hier ebenfalls nicht fehlen. Es lohnt sich auch ein Besuch in der Betriebskantine, wo man seine Nudelsuppe zu Schlagern aus dem Reich der Mitte löffeln kann.

Öffnungszeiten: Täglich außer Dienstag: 9.00–20.00 Uhr

Ave Maria
Potsdamer Straße 75
10785 Berlin (Mitte)
Ein skurriler Devotionalienladen mitten in Berlin, der von Weihrauch über Ikonen bis zu Rosenkränzen alles bietet, was das Herz des Marienverehrers höher schlagen lässt.

BACKFABRIK
Saarbrücker Straße 36
10405 Berlin (Mitte)
Die BACKFABRIK, bestehend aus sechs historischen Gebäuden einer ehemaligen Großbäckerei, beherbergt unter anderem das Dunkelrestaurant Nocti Vagus (→ **Nocti Vagus**). Die Tradition der Backfabrik reicht bis ins Ende des 19. Jahrhunderts, als die Gebrüder Aschinger von hier aus ihre über die ganze Stadt verteilten »Bierquellen« mit dem Fastfood der damaligen Zeit belieferten: Erbsensuppe, Bierwürste und Schrippen. Mitte der 20er Jahre des 20. Jahrhunderts arbeiteten auf dem Gelände etwa 4000 Menschen, um die Hotels und Restaurants des Aschinger-Imperiums zu versorgen, nachdem die Besitzer in die gehobene Gastronomie und Hotellerie eingestiegen waren. Später, in den 40er Jahren, liefen in den Backmaschinen des VEB BAKO Schrippen und Brot für ganz Ostberlin vom Band. 1990/91 wurde die Großbäckerei unter dem Namen Cityback betrieben, die allerdings 1997 den Betrieb einstellen musste. Ab 2000 wurde die Großbäckerei dann in die heutige BACKFABRIK umgewandelt mit Räumen für Kleingewerbe, Dienstleistungsunternehmen, Mode- und Designfirmen und Ausstellungen.

217

Bärenzwinger (Köllnischer Park)

Köllnischer Park
Zwischen Rungestraße und dem Südufer der Spree
10179 Berlin (Mitte)
Die zwei Hektar große Grünanlage zwischen der Rungestraße und dem Südufer der Spree beherbergt einen 1928 angelegten Bärenzwinger, in dem derzeit drei Bären leben: Tilo, Maxi und Schnute. Die drei kommen immer wieder in den Genuss von Forschungs- und Marketingaktionen des Vereins der Berliner Bärenfreunde e. V. und werden täglich um 12.30 Uhr öffentlich gefüttert. Außerdem befinden sich in dem Park das Märkische Museum, ein Kinderspielplatz und ein Denkmal des Berliner Miljömalers Heinrich Zille.

Bärenzwinger (Tierpark Friedrichsfelde)

Tierpark Friedrichsfelde
Am Tierpark 125
10307 Berlin (Lichtenberg)
Im Tierpark Friedrichsfelde empfängt Bärenfans bereits am Eingang ein »Bärenschaufenster« mit Naturfelskulisse, in der sich einige Exemplare der Art *Ursus arctos beringianus* tummeln, auch Kamtschatkabär genannt. Auf weiteren Freianlagen kann man unter anderem auch Brillenbären und Eisbären besichtigen.
Öffnungszeiten:
April – September: täglich 9.00 – 19.00 Uhr
Oktober und März: täglich 9.00 – 18.00 Uhr
November bis Februar: täglich 9.00 – 17.00 Uhr

Bally Wulff Automaten GmbH
Maybachufer 48–51
12045 Berlin (Kreuzberg)
Die Firma Bally, gegründet 1950, stellt nicht nur Flipper, sondern auch einarmige Banditen und Bingos her. Im Mecklenburgischen Staatstheater Schwerin kam 2003 das Bally-Wulff-Erfolgsmodell »Star Trek« in der Inszenierung von Ödön von Horváths »Kasimir und Karoline« zum Einsatz. Eigentlich wollte man einen »Dirty Harry«, doch der war beim Transport beschädigt worden. Erfunden wurde der Flipper 1947 von der Firma D. Gottlieb & Co., die mittlerweile allerdings nicht mehr existiert.

Besenkammer-Bar
Rathausstraße 1
19178 Berlin (Mitte)
Find in and come out.

Blindenrestaurant → **Nocti Vagus**

Brotfabrik Kunst- und Kulturzentrum
Caligariplatz
13086 Berlin (Weißensee)
In der ehemaligen Brotfabrik sind heute ein Kino, eine Galerie, eine Kneipe, eine Bühne und das Experimentalfilmarchiv ex.oriente.lux untergebracht. Eigentlich war die 1890 gegründete Backstube und spätere Brotfabrik zuletzt gar keine Brotfabrik mehr, sondern unter anderem eine Selterswasserfabrik, nachdem der Bäckermeister 1952 nach Westberlin geflüchtet war. 1986 wurde es als Kulturzentrum neu eröffnet und folgt heute dem Motto »Kultur wie das tägliche Brot«. Der Platz vor der Brotfabrik wurde erst 2002 auf den Namen Caligariplatz getauft, vorher war er

namenlos. Aber da Weißensee früher Filmstadt war und dort u. a. der berühmte Stummfilm »Das Cabinet des Doktor Caligari« gedreht wurde, lag die Verbindung zur neuen kulturellen Ausrichtung des Gebäudes nahe.

Buddhistisches Haus
Edelhofdamm 54
13465 Berlin (Frohnau)
Das Buddhistische Haus wurde nach dem Ersten Weltkrieg von Dr. Paul Dahlke (1865–1928) gegründet, der 1924 mit einigen seiner Anhänger dort einzog. Es war einerseits als Treffpunkt für jene gedacht, die sich mit dem Buddhismus beschäftigen wollten, ein Mittelding zwischen Kloster und Laienaufenthaltsort. Andererseits sollte es Monument der Lehre selbst sein. Dahlke, der aus Ostpreußen stammte, hatte den Buddhismus auf zahlreichen Reisen, die ihn unter anderem nach Indien führten, kennengelernt und war 1900 offiziell zum Buddhismus übergetreten. 1957 erwarb die German Dharmaduta Society den Besitz von Paul Dahlkes Erben und gestaltete ihn in ein buddhistisches Vihâra um. Das Buddhistische Haus ist heute nationaler Kulturbesitz und steht unter Denkmalschutz. Es beherbergt eine Reihe internationaler Gäste und einige Mönche, die dauerhaft dort leben.

Bücherstadt Wünsdorf
Gutenbergstraße 1
15838 Wünsdorf
Wünsdorf ist mit seinen vier Antiquariatshäusern und dem Bücherstall die erste und einzige Bücherstadt Deutschlands, entstanden nach dem Vorbild des 1962 gegründeten walisischen Hay on Wye. Hier hat man Gelegenheit, in etwa 350.000 Büchern aus allen Sparten und Genres zu schmökern, daneben gibt es hier hi-

storische Karten und Dokumente und sogar alte Schallplatten.
Zwischendurch kann man sich zum Beispiel in der Russischen Teestube erholen. Die Anlage, zu der unter anderem auch ein
Motorradmuseum und eine Galerie gehören, befindet sich auf
einem ehemaligen Garnisonsgelände. Es liegt rund 30 Kilometer
südlich von Berlin hinter Zossen in märkischen Kiefernwäldern
versteckt. Wem Bücher, Lesungen, Diskussionen, Sommerkon-
zerte und Volksfeste rund ums Buch nicht aufregend genug sind,
der kann auch auf Bunkerbesichtigungstour gehen.
Öffnungszeiten der Antiquariate im Gutenberghaus: täglich von
10.00–18.00 Uhr

Cabuwazi → **Kinderzirkus Cabuwazi**

Café am Neuen See
Biergarten / Restaurant
Lichtensteinallee 2
10787 Berlin (Mitte–Tiergarten–Wedding)
Wer im **Tiergarten** unterwegs ist und eine Pause braucht, kann
sich bei schönem Wetter in diesem direkt am Wasser gelegenen
Freiluft-Café-Biergarten mit Selbstbedienung ausruhen und den
Leuten nachschauen. Oder sich ein Ruderboot ausleihen und das
Weite suchen. Ein Restaurant gibt es dort zwar auch, aber dort
darf man sich sein Essen nicht selbst holen. Das Ganze liegt etwas
versteckt, aber bisher hat es noch jeder gefunden, der lange genug
gesucht hat. (→ **Tiergarten**)
Öffnungszeiten:
Dezember–März: Sa und So 10.00–23.00 Uhr
Sommer: täglich 10.00–23.00 Uhr

Café Slavia → **Slavia**

China Trade Center
Ecke Herzberg- und Vulkanstraße
10367 Berlin (Lichtenberg)
Seit 2003 hat das China Trade Center seinen Sitz in einer zuvor
leer stehenden Werkhalle an der Vulkanstraße in Lichtenberg.
Hier werden in 90 Geschäften auf 12.000 Quadratmetern Schuhe,
Textilien, Keramik, Spielzeug, Elektro- und Geschenkartikel ange-
boten.

Chinggis
Bornholmer Straße 10
10439 Berlin (Prenzlauer Berg)
Das Chinggis ist nach eigener Aussage das erste mongolische Res-
taurant Berlins. Beim Durchstreifen der Steppen müssen ein paar
der Nomaden in Prenzlauer Berg hängengeblieben sein und ver-
wöhnen seither die Berliner mit Zuivan, Huuschuur, Tömstei khu-
urga oder Chinggis schorlog. Aber auch an die Kleinen ist gedacht.
Für sie gibt es Budaatai khuurga oder Buuz. Exotisch sind dafür die
Cocktails: Tequila Sunrise, Sex on the Beach oder Uncle Sam.
Darüber hinaus lockt das Chinggis mit musikalischen Events wie
Kehlkopf-Gesangskunst.
Öffnungszeiten:
Di–Fr: 16.30–24.00 Uhr
Sa und So: 12.00–24.00 Uhr
Mo: Ruhetag

Dänemark
Dänemark, im Jahre 980 von Harald Blauzahn erstmals geeint, hat
eine Königin, eine höchste Erhebung von 171 Metern über N. N.,

mehrere Amtssprachen und eine Bevölkerung, die bekanntlich nicht lügt. 1989 hat Dänemark als erstes Land der Welt zivilrechtliche Partnerschaften für Homosexuelle eingeführt. Es herrscht Anschnallpflicht.

Dahlemer Botanischer Garten

Königin-Luise-Straße 6–8
14195 Berlin (Dahlem)
Die buchstäblichen Wurzeln des Dahlemer Botanischen Gartens lassen sich bis ins 17. Jahrhundert zurückverfolgen: 1679 wurde auf Anordnung des Großen Kurfürsten auf dem Gelände des heutigen Kleistparks ein landwirtschaftlicher Mustergarten angelegt, aus dem sich schließlich ein botanischer Garten entwickelte. Nach 200 Jahren wurde er um die Jahrhundertwende aus Platzgründen nach Dahlem verpflanzt und gehört heute zu den bedeutendsten botanischen Gärten der Welt. Für den Besucher stehen unter freiem Himmel, in 15 Gewächshäusern und dem Arboretum über 22.000 Pflanzenarten zur Besichtigung bereit. Wer einen persönlicheren Kontakt zur Pflanze sucht, kann gegen bestimmte Summen eine Pflanzenpatenschaft übernehmen. Von Juli bis Oktober darf man hier übrigens mit selbst Gesammeltem aus dem Wald in die Pilzberatung im Museumsgebäude kommen, um Unheil von sich und seiner Familie abzuwenden.
Öffnungszeiten (täglich außer 24. 12.):
Nov., Dez., Jan.: 9.00–16.00 Uhr
Feb.: 9.00–17.00 Uhr
März und Okt.: 9.00–18.00 Uhr
Sept.: 9.00–19.00 Uhr
April und Aug.: 9.00–20.00 Uhr
Mai, Juni, Juli: 9.00–21.00 Uhr
Botanisches Museum: täglich 10.00–18.00 Uhr

Die Halle – Tanzbühne
Eberswalder Straße 10–11
10437 Berlin (Prenzlauer Berg)
Die Halle liegt im Kastanienhof einer ehemaligen Polizeistation und wird seit 2003 als Tanztheater genutzt. Das Gebäude steht unter Denkmalschutz und wirkt laut *Berliner Morgenpost* so »verwunschen morbide, als hätte Christoph Marthaler hier eines seiner Bühnenbilder stehen lassen«. Andere sagen: »Die Halle ist ein vergilbter, sechs Meter hoher Ballsaal« (*tip*).

Dorotheenstädtischer Friedhof → **Friedhöfe**

endart Galerie
Oranienstr. 36
10999 Berlin (Kreuzberg)
Die Ladengalerie entstand 1981 und ist heute ein galerieähnlicher Betrieb mit offenem Atelier. Bekannt ist »endart« aber auch als Auftrittsort des »Original Oberkreuzberger Nasenflötenorchesters: Der Grindchor«. Das Orchester hatte 1992 seinen ersten Auftritt und bereicherte seither nicht zuletzt durch seine CD »Stille Tage in Rüsselsheim« die internationale Musikszene.

Fehrbelliner Platz
Fehrbelliner Platz 1
10707 Berlin (Charlottenburg-Wilmersdorf)
Der Park an der Nordseite des Fehrbelliner Platzes ist der Preußenpark. Hier gibt es eine große Liegewiese, auf der sich seit vielen Jahren thailändisch-philippinisch-deutsche Familien treffen. Besondere Sehenswürdigkeit: eine Kopie der »Borussia«, der in Stein gehauenen Personifikation Preußens, eine Dame mit Helm und Schwert – viele Kilometer von Dortmund entfernt.

Fernsehturm

Panoramastraße 1
10178 Berlin (Mitte)
Die »sozialistische Höhendominante«, auch Telespargel genannt,
wurde 1964 von Walter Ulbricht in Auftrag gegeben und am
3. Oktober 1969 nach 53 Monaten Bauzeit in Betrieb genommen.
Der Fernsehturm hat 986 Stufen und zum Glück auch 2 Personen-
aufzüge.
Öffnungszeiten:
März–Oktober: täglich 9.00–24.00 Uhr
November–Februar: täglich 10.00–24.00 Uhr

Flohmärkte → **Trödel- und Flohmärkte**

Friedhöfe
Dorotheenstädtischer Friedhof, Chausseestraße 126, 10115
Berlin (Mitte)
Dieser Friedhof wurde 1762 angelegt und mehrmals vergrößert;
Hier liegen unter anderen Georg Wilhelm Friedrich Hegel, Johann
Gottlieb Fichte, Karl Friedrich Schinkel, Heinrich Mann, Bertolt
Brecht, Helene Weigel und Heiner Müller bestattet.
Friedhof Baumschulenweg, Kiefholzstraße 211, Kiefholzstraße
222, 12437 Berlin (Treptow)
Der weitläufige Friedhof wurde ursprünglich 1911 zwischen Kief-
holzstraße, Südostallee und dem Teltowkanal angelegt. Heute
gliedert er sich in zwei große Teile, den alten mit dem Kremato-
rium (Kiefholzstraße 211) und den neuen an der Kiefholzstraße
222. Auf dem alten Friedhofsteil wurde 1936 die frühere SPD-
Reichstagsabgeordnete Clara Schuch beigesetzt. Von Juni 1940 bis
August 1942 wurden hier 2.300 ermordete Häftlinge aus den Kon-
zentrationslagern Sachsenhausen und Dachau sowie Euthanasie-

opfer im Krematorium eingeäschert. Im neuen Friedhofsteil liegt Chris Gueffroy, das letzte Todesopfer der Berliner Mauer im Bezirk Treptow, beerdigt.

Friedhöfe am Südstern: An der Bergmannstraße in Berlin-Kreuzberg befindet sich zwischen Südstern und Marheinekeplatz ein großer Friedhofskomplex von knapp 21 Hektar, der aus vier Einzelfriedhöfen besteht: Luisenstädtischer Friedhof, Friedrichswerderscher Friedhof, Friedhof der Jerusalems- und Neuen Kirche IV und Dreifaltigkeitsfriedhof.

Invalidenfriedhof, Scharnhorststraße 25, 10115 Berlin (Mitte)
Der Invalidenfriedhof wurde 1748 angelegt und ist eine der ältesten Begräbnisstätten Berlins. Ursprünglich war er nur als letzte Ruhestätte für die »lahmen Kriegsleut« des von König Friedrich II. gebauten Invalidenhauses gedacht.

Sozialistenfriedhof, Gudrunstraße, 10365 Berlin (Lichtenberg)
Den Namen »Sozialistenfriedhof« erhielt der Zentralfriedhof Friedrichsfelde im Bezirk Lichtenberg, da hier im Jahr 1900 Wilhelm Liebknecht bestattet wurde sowie zahlreiche weitere Sozialdemokraten nach ihm; auch Karl Liebknecht und Rosa Luxemburg haben hier ihre Grabstätte. Berühmt ist der Friedhof auch für seine Gedenkstätte der Sozialisten.

Waldfriedhof Zehlendorf, Potsdamer Chaussee 75–77, 14129 Berlin (Zehlendorf)
Es ist die jüngste und zugleich größte Begräbnisstätte in Zehlendorf; sie wurde 1945 eröffnet und hat zahlreiche Gräber berühmter Persönlichkeiten aufzuweisen, darunter die von Gottfried Benn, Helmut Käutner, Erwin Piscator, Ernst Reuter und Willy Brandt.

Frisöre, türkisch → **Türkische Frisöre**

Gedächtniskirche

Kantstraße 163

10623 Berlin (Charlottenburg)

Die komplette Bezeichnung der 1891–1895 erbauten Kirche lautet Kaiser-Wilhelm-Gedächtniskirche. Sie wurde zu Ehren Kaiser Wilhelm I. von dessen Enkel Wilhelm II. errichtet und war ein im Stil der Neoromantik erbautes monumentales Gebäude. Der Hauptturm der insgesamt fünf Türme war mit 113 Metern der höchste der Stadt. Am 23. November 1943 wurde die Kirche bei einem Bombenangriff schwer beschädigt. Nach dem Krieg sollte der Turmstumpf abgerissen werden, doch nach Protesten der Bevölkerung blieb die Ruine als Kriegsmahnmal stehen und ist heute eines der Wahrzeichen Berlins.

Öffnungszeiten: täglich 9.00–19.00 Uhr

Gemäldegalerie

Stauffenbergstraße 40

10785 Berlin (Tiergarten)

Der komplette Museumskomplex besteht aus Gemäldegalerie, Neuer Nationalgalerie, Kunstgewerbemuseum, Kunstbibliothek und Kupferstichkabinett. Die Gemäldegalerie selbst verfügt über eine der weltweit bedeutendsten Sammlungen europäischer Malerei aus dem 13. bis 18. Jahrhundert. Man kann hier unter anderem Werke von Dürer, Cranach, Holbein, Brueghel, Vermeer, van Eyck, Rembrandt, Caravaggio, Botticelli, Tizian, Canaletto, Watteau und Gainsborough sehen. Insgesamt sind in der Hauptgalerie etwa 1 200 Gemälde zu besichtigen, darunter auch der unverwüstliche »Mann mit dem Goldhelm«.

Zu den Gebäuden des Kulturforums Potsdamer Platz gehören auch die Philharmonie, die Staatsbibliothek und das Musikinstrumentenmuseum.

Öffnungszeiten:
Di–So: 10.00–18.00 Uhr
Do: 10.00–22.00 Uhr

Gießen

Bundesland Hessen
Landkreis Gießen
Die erste urkundliche Erwähnung der Siedlung stammt aus dem
Jahr 1197. Gegen 1535 ließ Landgraf Philipp der Großmütige die
Stadt befestigen, 1904 wurde die fortschrittliche Gießener Kana-
lisation eingeweiht. Gießen verfügt südwestlich über einen Flug-
platz bei Lützellinden mit asphaltierter Landebahn und über einen
Segelflugplatz in der Wieseckaue; Gießen wird nicht regelmäßig
angeflogen. Es ist eine der wenigen Städte, die mit weniger als
80.000 Einwohnern über zwei unabhängige Tageszeitungen verfügt: den Gießener Anzeiger und die Gießener Allgemeine.

Größte Uhr Europas → Pyramide

Hackesche Höfe

Hofareal
Rosenthaler Straße 40/41 & Sophienstraße 6
10178 Berlin (Mitte)
In den Hackeschen Höfen gibt es alles – Restaurants, Bars, Kino,
Theater, Modeläden, Läden für Schmuck und Galerien. Das ganze
Areal, bestehend aus acht Höfen, wurde Mitte der 90er Jahre auf-
wändig restauriert und ist heute eine der beliebtesten Sehenswür-
digkeiten Berlins.

Hackescher Markt

10178 Berlin (Mitte)

Der Hackesche Markt ist zunächst einmal eine imposante S-Bahn-Station etwa gegenüber den Hackeschen Höfen in Berlin Mitte am südlichen Ende der Rosenthaler Straße. Allerdings gibt es neben jeder Menge Züge, Busse und Trams unterhalb der gewaltigen Halle diverse Cafés, Bars und Restaurants. Ihren Namen haben Markt und Höfe vom Berliner Stadtkommandanten Hans Christoph Friedrich Graf von Hacke, der den Platz auf Betreiben von Friedrich II. anlegen ließ.

Heeresbäckerei

Köpenicker Straße 16/17

10997 Berlin (Kreuzberg)

Die Heeresbäckerei, erbaut im Jahr 1805, ist das ehemalige Königlich Preußische Proviantamt und hieß früher auch »Kommissbrotbäckerei«. Ihre Aufgabe war die »Erbackung von Brot-, Fleisch- und Feldzwieback«. Bis auf die Mühle ist das Gebäude komplett erhalten und heute in Lofts und Büros aufgeteilt. Es dient außerdem diversen Unternehmen als Lager und wird auch als Kultureinrichtung genutzt.

Heilig-Kreuz-Kirche

Zossener Straße 65

10961 Berlin (Kreuzberg)

Die Heilig-Kreuz-Kirche in Kreuzberg wurde 1888 im neugotischen Stil erbaut und galt bis zu ihrer Zerstörung im Zweiten Weltkrieg als eine der prächtigsten Kirchen Berlins. In den 50er Jahren wurde die Kirche wieder aufgebaut und von 1990–1995 umgestaltet. Nach dem Umbau entwickelte sich die Kirche zu einem Gemeinde-, Kultur- und Stadtteilzentrum. Sie kann heute

für diverse kulturelle Veranstaltungen gebucht werden, beispielsweise für Konzerte, Galas, Lesungen oder Seminare.
Öffnungszeiten:
Mo—Fr: 9.00—18.00 Uhr
Sa: 14.00—18.00 Uhr
So: 13.00—18.00 Uhr

International Trade Center ITC
Marzahner Straße 17
13053 Berlin (Lichtenberg/Hohenschönhausen)
Das ITC ist ein asiatisches Einkaufszentrum für Großhändler, eine Art Asia-Metro, in dem man sich mit Geschenkartikeln, billigen Textilien und Elektrowaren eindecken kann. Zutritt haben nur Einzelhändler mit Gewerbeschein. Viele von ihnen sind Vietnamesen, die vor Jahren als Gastarbeiter in die DDR kamen und geblieben sind. Auf ca. 17.000 m^2 bieten sie in etwa hundert Geschäften ihre Waren an. Direkt am Eingang an der Marzahner Straße 17 steht eine etwas unscheinbare Pagode.

Invalidenfriedhof → **Friedhöfe**

Jüdisches Museum
Lindenstraße 9—14
10969 Berlin (Mitte)
Das Jüdische Museum Berlin, eines der meistbesuchten Museen Berlins, wurde 2001 eröffnet. Entworfen wurde es von Daniel Libeskind. Auf über 3000 Quadratmetern führt die Ausstellung durch zwei Jahrtausende deutsch-jüdischer Geschichte. Zu sehen sind Gegenstände aus dem Alltag, Kunstobjekte, Briefe und Fotografien. Neben der Dauerausstellung werden auch Wechselausstellungen gezeigt, außerdem sind in dem Museum ein umfas-

sendes Archiv, das Rafael Roth Learning Center und verschiedene Forschungseinrichtungen untergebracht.

Öffnungszeiten:

Di–So: 10.00–20.00 Uhr

Mo: 10.00–22.00 Uhr

KaDeWe (Kaufhaus des Westens)

Tauentzienstraße 21-24

10789 Berlin (Schöneberg)

Das Kaufhaus des Westens ist nach eigener Auskunft »einer der größten Departmentstores Europas«, gegründet 1907 von Kommerzienrat Adolf Jandorf. Es hat heute 60.000 m², was etwa 9 Fußballfeldern entspricht, auf denen über 350.000 verschiedene Artikel angeboten werden. Größer ist nur das GUM in Moskau, das aber kein reines Warenhaus ist und daher eigentlich nicht gilt. Die berühmte Feinkostabteilung des KaDeWe befindet sich im 6. Stock und ist angeblich die größte Lebensmittelabteilung der Welt.

Öffnungszeiten:

Mo–Fr 10.00–20.00 Uhr

Sa 9.30–20.00 Uhr

Kaffee Burger

Torstraße 60

10119 Berlin (Mitte)

Die korrekte Bezeichnung lautet »Tanzwirtschaft Kaffee Burger«, ein Etablissement, das nicht nur durch Originaltapeten aus DDR-Zeiten besticht. Das Lokal existiert unter dieser Adresse seit 1890, wurde 1936 von der Familie Burger übernommen und entwickelte sich in den 70er Jahren zum Treffpunkt der Ostberliner Kulturszene. Heute ist das Burger durch die Russendisko-Abende bekannt, aber auch durch Lesungen der Reformbühne Heim und Welt, Konzerte und andere Veranstaltungen. Mittlerweile darf es in keinem Berlinführer mehr fehlen, der halbwegs hip sein will. Die Bar kann man für Veranstaltungen mieten, die T-Shirts mit Aufdruck für einige Euro erwerben.

Öffnungszeiten:

So–Do: ab 19.00 Uhr

Sa: ab 21.00 Uhr

Kaiser-Wilhelm-Gedächtniskirche → Gedächtniskirche

Kakerlakenrennen

Der russische Maler Nikolai Makarow hat eine alte russische Tradition in Berlin eingeführt: das Kakerlakenrennen. Der Überlieferung nach haben russische Emigranten in Konstantinopel und Paris derartige Rennen inklusive Wetteinsatz veranstaltet. Wer die galoppierenden Schaben nicht unbedingt live erleben möchte, aber trotzdem auf den Nervenkitzel nicht ganz verzichten will, hat mindestens zwei Möglichkeiten: Man kann ein derartiges Rennen entweder in dem Kinofilm »Бег« (UdSSR 1971) sehen, der Verfilmung von Michail Bulgakows Theaterstück »Die Flucht«. Oder in dem Dokumentarfilm »Kakerlakenrennen«, der über Makarows Aktivitäten in Berlin berichtet und zugleich ein Porträt der Berliner Russenszene ist (Deutschland 2003).

von Michail Bulgakows Theaterstück »Die Flucht«. Oder in dem Dokumentarfilm »Kakerlakenrennen«, der über Makarows Aktivitäten in Berlin berichtet und zugleich ein Porträt der Berliner Russenszene ist (Deutschland 2003).

Kinderbauernhöfe

Sie möchten Ihren Kindern zeigen, wie lebendige Tiere aussehen oder Gemüse aus Bodenhaltung, bevor alles in Topf und Pfanne landet? Hier gibt es reichlich Gelegenheit.

Kinderbauernhof »Mauerplatz«, Leuschnerdamm 9, 10999 Berlin (Kreuzberg)

Kinderbauernhof auf dem Görli, Wiener/Licgnitzerstraße 59, 10999 Berlin (Kreuzberg)

Kinderbauernhof am Statthaus Böcklerpark, Prinzenstraße 1, 10969 Berlin (Kreuzberg)

Kinderbauernhof der Schreberjugend, Franz-Künstler-Straße 10, 10969 Berlin (Kreuzberg)

Kinderbauernhof Pinke-Panke, Straße am Bürgerpark 15–19, 13187 Berlin (Pankow)

Kinderbauernhof Prenzlauer Berg, Schwedter Straße 83, 10437 Berlin (Prenzlauer Berg)

Kinderbauernhof »Südgelände«, Sachsendamm 30/31, 10829 Berlin (Schöneberg)

Kinderbauernhof *ufa*fabrik, Viktoriastraße 13, 12105 Berlin (Tempelhof)

Weitere Informationen zu Abenteuerspielplätzen und Kinderfreizeiteinrichtungen unter www.spirit-of-berlin.de/Kids/spielplaetze/spielplatz.htm

Kinderzirkus Cabuwazi

Trommelwirbel! Kinder in die Manege! Jeder ist ein Künstler! Cabuwazi, Europas größter Kinder- und Jugendzirkus, ist ein 1994 gegründeter sozialpädagogischer Kulturbetrieb mit mittlerweile vier Zeltstandorten in Berlin:

Zelt Altglienicke, Blindschleichengang 1, 12524 Berlin

Zelt Kreuzberg »Schatzinsel«, Gröbenufer 2, 10997 Berlin

Zelt Springling Marzahn, Wolfener Straße 2b, 12681 Berlin

Zelt Treptow, Bouchéstraße 74, 12435 Berlin

Weitere Informationen unter

www.kinder.jugend.zirkus.cabuwazi.de

Köllnischer Park → Bärenzwinger (Köllnischer Park)

Köpenicker Teufelssee → Teufelssee (Köpenick)

Kreuzberg

66 Meter hoher Hügel im gleichnamigen Berliner Stadtteil (Bezirk Friedrichshain-Kreuzberg)

Nach dem Kreuzberg wurde 1920 der gesamte Bezirk benannt. Er ist ein kleiner Hügel am Rande Teltows im heutigen Viktoriapark im Südwesten des gleichnamigen Stadtteils. Früher hieß er einmal Tempelhofer Berg, und aus dieser Zeit stammt auch das 1821 auf ihm errichtete, von Karl Friedrich Schinkel entworfene Denkmal. Es ist in der Grundform dem Eisernen Kreuz nachempfunden und soll an die Befreiungskriege gegen Napoleon erinnern (→ **Schinkeldenkmal**).

Kulturbrauerei

Schönhauser Allee 36–39

10435 Berlin (Prenzlauer Berg)

Die Kulturbrauerei befindet sich auf dem Gelände der ehemaligen Schultheiss-Brauerei. Seit 1998 gibt es auf dem Areal ein Russisches Kammertheater, eine Galerie, ein Geschäft für Musikinstrumente, eine Bar und vieles mehr, was man für ein buntes Kulturprogramm braucht. Bier natürlich auch.

Lisa D.

Die Hackeschen Höfe, Hof 4

Rosenthaler Straße 40/41

10178 Berlin

Lisa D. vom gleichnamigen Shop und Atelier heißt eigentlich Elisabeth Pratner, stammt aus Graz und war früher einmal Kunsterzieherin. Mode von der Stange findet man in ihrem Laden garantiert nicht.

Luisen Bräu

Luisenplatz 1

10585 Berlin (Charlottenburg)

Direkt am Schloss Charlottenburg liegt die Gasthausbrauerei Luisen Bräu. Wer sich anmeldet, kann hier nicht nur essen und trinken, sondern auch eine Führung durch die Brauerei machen und live dabei zusehen, wie in den Kesseln des Sudwerks Bier entsteht. Für die Besucher aus Süddeutschland gibt es im Gasthaus neben jeder Menge Bier auch Weißwürste und Haxen.

Öffnungszeiten:

täglich von 9.00–1.00 Uhr

Fr und Sa 9.00–2.00 Uhr

Märchenbrunnen

Volkspark Friedrichshain

10249 Berlin (Friedrichshain)

Der Brunnen befindet sich im östlichen Winkel des Parks. Der im landschaftlichen Stil angelegte Volkspark Friedrichshain entstand Mitte des 19. Jahrhunderts und war damals die erste kommunale Parkanlage Berlins. 1913 wurde der Märchenbrunnen mit seinen Wasserspielen, Arkaden und Skulpturen nach 12 Jahren Bauzeit fertiggestellt. Seinen Namen hat der Brunnen von den Figuren am Beckenrand, die Szenen aus den Märchen der Gebrüder Grimm zeigen. Nachts verwandelt sich die Brunnenanlage wie durch Zauberhand in ein Cruisinggebiet – und das angeblich bereits seit Kaisers Zeiten. Das Gebiet hinter dem Märchenbrunnen kommt auch im einzigen zur DDR-Zeit gedrehten Schwulenfilm »Coming Out« vor.

Medizinhistorisches Museum der Charité

Campus Charité Mitte

Schumannstraße 20/21

10117 Berlin (Mitte)

Das Berliner Medizinhistorische Museum (BMM) ist aus dem Pathologischen Museum Rudolf Virchows hervorgegangen und zeigt derzeit etwa 1.000 seiner insgesamt 10.000 Objekte pathologisch-anatomischer Trocken- und Feuchtpräparate. Im Sommer 2006 gab es passend zur WM die Sonderausstellung »PLATZ.WUNDEN – Der Fußball und die Medizin«. Tumore, embryonale Fehlbildungen, Organveränderungen, dazu Instrumente, Modelle, Bücher und Grafiken kann man dagegen immer sehen.

Öffnungszeiten:
Di, Do, Fr, Sa, So: 10.00 – 17.00 Uhr
Mi: 10.00 – 19.00 Uhr
Mo: geschlossen

Mengenlehreuhr

Budapester Straße (vor dem Europacenter)
10787 Berlin (Charlottenburg)
Die 1975 von Dieter Binninger erfundene Uhr, auch bekannt als
Berlin-Uhr, basiert auf dem Prinzip der Mengenlehre, was schon
ahnen lässt, dass der genaue Mechanismus schwer zu durch-
schauen ist. Statt eines Zifferblatts hat diese Uhr 25 rot und gelb
beleuchtete Felder, mit denen die Zeit angezeigt wird, basierend
auf einem Stellenwertsystem, das Stunden und Minuten jeweils in
Fünfer- und Einerschritte zerlegt. Ehrlich – man muss es sehen,
um es zu begreifen. Neben der Originaluhr gab es zeitweise auch
die mittlerweile ausgestorbene Mengenlehretischuhr, -wanduhr
oder -bilduhr. Irgendwie hat sich das Prinzip nicht durchgesetzt.

Müggelberge

Berliner Müggelberge Stadtforst
Die Müggelberge liegen zwischen Müggelheimer Damm und Langem
See im Köpenicker Ortsteil Müggelheim. Mit 115 Metern zählt der
Große Müggelberg zu den höchsten Bergen der Stadt. Auf dem
Kleinen Müggelberg (82 Meter) befindet sich der Müggelturm.

Müggelsee (Großer Müggelsee)

Bezirk Treptow-Köpenick
Strandbad Müggelsee: Fürstenwalder Damm 838, 12589 Berlin
Der Müggelsee, durch den auch die Spree fließt, ist das größte
Gewässer Berlins und ein beliebter Badeort. Er nimmt einen

Großteil der Gesamtfläche des Bezirks Treptow-Köpenick ein und entstand wie die an seinem Südrand gelegenen Müggelberge im Pleistozän. Die exakte Bezeichnung lautet Großer Müggelsee, da es auch noch den Kleinen Müggelsee gibt, der allerdings nur 0,16 km² umfasst. Sein großer Bruder hingegen ist über 7 km² groß. Rund um den Müggelsee befindet sich eine der ausgedehntesten Waldlandschafen der Stadt, der Berliner Stadtwald.

Nocti Vagus (Dunkelrestaurant und Dunkelbühne)
Saarbrücker Straße 36−38 (Innenhof)
10405 Berlin (Mitte)
Hier ist das Essen unsichtbar. Es wird in vollständiger Dunkelheit serviert, aber mit Musik und sanften Geräuschen garniert. Das Restaurant bietet Erlebnisabende und Schnupperabende an, außerdem Livemusik, Lesungen und Theateraufführungen. Seine Spezialität ist das Liebesmenü in fünf Gängen.
Geöffnet täglich von 18.00−1.00 Uhr

Palast der Republik
Schlossplatz
10117 Berlin (Mitte)
Das Gebäude ist auch als Palazzo (prozzo), Ballast der Republik oder Erichs Lampenladen bekannt. Es ist allerdings fraglich, ob von dem Gebäude noch etwas steht, wenn Sie dieses Buch in der Hand halten. Er wird nämlich seit dem 6. Februar 2006 abgetragen und wurde damit gerade einmal 30 Jahre alt. Früher nutzte man den Palast unter anderem als Sitz der Volkskammer, für SED-Parteiveranstaltungen oder als Versammlungsort der FDJ. Es fanden aber auch bedeutende kulturelle Veranstaltungen dort statt wie das Festival des politischen Liedes. Nach der Wiedervereinigung

wurde der Palast der Republik wegen Asbestverseuchung zunächst geschlossen, dann aufwändig saniert und wieder genutzt, bis endgültig der Hammer fiel.

Polizeipräsidium hinter dem Alexanderplatz
Keibelstraße 27
10178 Berlin (Mitte)
Gehen Sie weiter, hier gibt es nichts zu sehen.

Popelbühne
Dunckerstraße 16/17
10437 Berlin (Prenzlauer Berg)
Die Popelbühne ist eine allen Altersstufen offenstehende Theater-, Tanz- und Kreativwerkstatt mitten in Prenzlauer Berg. Puppenspiel, Ausdruckstanz, Töpfer-, Zeichnen-, Fotografie- oder Didgeridookurse – hier ist alles im Angebot. Ab 16 Jahren kann man hier auch Aktzeichnen lernen. Im hauseigenen Kooperationsladen gibt es unter anderem die in den diversen Kursen selbst gewerkelten Erzeugnisse zu kaufen. Und Weihnachten steht ja immer irgendwie vor der Tür.

Prager Café Slavia → Slavia

Prenzlauer Berg
Ortsteil im Berliner Bezirk Pankow
Der höchste Punkt des Bezirks (91 Meter) liegt im Nordosten des Bezirks im »Volkspark Prenzlauer Berg« und ist wie diverse andere Erhebungen Berlins nach dem Zweiten Weltkrieg durch Aufschütten von Schutt und Trümmern entstanden. Der Name »Prenzlauer Berg« bezieht sich auf das ansteigende Plateau des Barnim, eines eiszeitlichen Höhenrückens.

Pups
Indoor-Spielplatz
Kochstraße 73
10969 Berlin (Kreuzberg)
Lust auf ein Bällchenbad? Oder einfach nur mal auf hemmungs-
loses Krabbeln und Toben? Dann sind Sie hier richtig. Im Pups
kann man spielen, bis der Arzt kommt, während Mama und Papa
in Ruhe Kaffe trinken – es sei denn, sie wollen sich mit ins Getüm-
mel stürzen oder ihre Kinder im Schach abziehen. Hier kann man
auch Geburtstag feiern, Milchzahnfest oder Schnullerabschied.
Und After-Work-Karaoke-Partys gibt es auch. Die Fuffels und das
Pups-Team freuen sich auf Sie!
Geöffnet täglich von 10.00–20.00 Uhr (auch an Sonn- und Feier-
tagen)

Pyramide
Landsberger Allee, Ecke Rhinstraße
12681 Berlin (Marzahn)
Die Pyramide ist ein 1994 errichtetes Hochhaus im Bezirk Mar-
zahn-Hellersdorf. Das 100 Meter hohe Gebäude weist eine pyra-
midenähnliche Glasfassade auf, die in das Haus integriert ist. Ein
Zifferblatt oder dergleichen sucht man hier allerdings vergeblich:
Die Pyramide selbst ist die Uhr. Die Zeit wird durch eine Kombi-
nation aus Leuchtelementen an der Fassade dargestellt, und jeweils zur vollen Minute wird ein Lichtblitz von der Spitze ausge-
sendet. Entwickelt wurde die Uhr von Siemens, gesteuert wird sie
per Funk von der Atomuhr in Braunschweig.

Respectmen
Neue Schönhauser Straße 14
10178 Berlin (Mitte)
Hier gibt es klassische bis moderne Herrenmode ausgesuchter
Nobel-Labels und Maßkollektionen; ein paar Schritte weiter, in
der Neuen Schönhauser Straße 19, findet man bei »Respectless«
die jugendlichere Seite der Kollektion.
Öffnungszeiten:
Mo–Fr: 12.00–20.00 Uhr
Sa: 11.00–16.00 Uhr

Schinkeldenkmal
Dieses Nationaldenkmal für die Siege in den Befreiungskriegen
gegen Napoleon steht auf dem Kreuzberg im Viktoriapark, Bezirk
Friedrichshain-Kreuzberg (→ **Kreuzberg**).

Schnitzel Shop
Schlesische Straße 36
10997 Berlin (Kreuzberg)
Zu essen gibt es hier nichts, dafür präsentiert die Mode- und Kos-
tümdesignerin Heike Ebner alias Florinda Schnitzel in dem Laden
ihre Kollektionen.
Öffnungszeiten:
Di–Fr: 13.30–19.30 Uhr
Sa: 13.30–17.00 Uhr
Weitere Termine nach Vereinbarung

Slavia

Wiesbadener Straße 79

12161 Berlin (Charlottenburg, Wilmersdorf)

Vollständig heißt das Café eigentlich »Prager Café Slavia« und ist nach einem berühmten Prager Literatencafé benannt, das der Treffpunkt von Intellektuellen, Künstlern und Wissenschaftlern wie Bedřich Smetana, Antonin Dvořák, Albert Einstein, Franz Kafka, Egon Erwin Kisch oder Václav Havel war. Die Berliner Variante holt mit Jugendstilambiente und böhmisch-mährischer Küche – Palatschinken mit Powidel, Sahne und Walnüssen – ein Stück Prag in die Hauptstadt.

Öffnungszeiten:

Di–Fr: 12.00–23.00 Uhr

Sa: 12.00–22.00 Uhr

So: 10.00–22.00 Uhr

Mo: Ruhetag

Sozialistenfriedhof → Friedhöfe

Stadtbad Oderberger Straße

Oderberger Straße 13

10435 Berlin (Prenzlauer Berg)

Die Volksbadeanstalt im Stil der Neorenaissance wurde 1902 eröffnet, 1986 war der letzte Badetag. Inzwischen ist das Wasser abgelassen, und das Bad wird als Veranstaltungsort genutzt. Hier finden Lesungen, Ausstellungen, Partys oder Theater- und Opernaufführungen statt. Das Publikum sitzt meist im leeren Becken, Autoren zum Beispiel am Beckenrand.

Stadtschloss

Da das Stadtschloss nicht mehr bzw. noch nicht existiert, hat es derzeit nur eine virtuelle Adresse: Spreeinsel, Berlin Mitte.

Das Schloss wurde Mitte des 15. Jahrhunderts errichtet und mehrfach erweitert und umgebaut. Allerdings war schon der damalige Baubeginn heftig umstritten, und die Baustelle wurde 1448 von aufgebrachten Bürgern gestürmt. Sie waren sich mit dem Bauherrn, Kurfürst Friedrich II., genannt »Eisenzahn«, über dessen Machtanspruch nicht ganz einig. Das Stadtschloss wurde bei einem Bombenangriff am 3. Februar 1945 zerstört. Eine der bislang ungeklärten Fragen um den Neubau ist, ob auch die Weiße Frau wieder einziehen wird. Sie war das Hausgespenst der Hohenzollern und soll immer drei Tage vor einem neuen Todesfall in der Familie das bevorstehende Unheil angekündigt haben. Sie wurde zuletzt im Jahre 1850 und danach nur noch am 31. Januar 1945 gesehen. Derzeit fehlt von ihr jede Spur.

Taipeh

Unauffindbarer Geheimtipp in der Helmstedter Straße! Sorry!

Teufelsberg(e)

Berliner Forst Grunewald
Westlich der Teufelsseechaussee
14193 Berlin (Charlottenburg-Wilmersdorf)
Der Teufelsberg im nördlichen Grunewald wurde aus dem Trümmerschutt des Zweiten Weltkriegs aufgeschüttet und ist der höchste Berg Berlins. Eigentümlicherweise liegt direkt neben dem Teufelsberg eine weitere Erhebung mit demselben Namen. Einer ist 120 Meter hoch und das alpine Zentrum der Stadt mit einem Skihang, auf dem sogar einmal ein Weltcuprennen ausgetragen wurde. Der gegenüberliegende zweite Teufelsberg ist den Schlit-

tenfahrern vorbehalten und verfügt über eine der längsten Rodelbahnen Berlins.

Teufelssee (Grunewald)

Berliner Forst Grunewald
Teufelsseechaussee
[Wasserrettungsstation: Teufelsseechaussee 28, 14193 Berlin]
14193 Berlin (Charlottenburg-Wilmersdorf)
Der Teufelssee, am Ende der Teufelsseechaussee gelegen, ist ein circa 2,4 Hektar großer See eiszeitlichen Ursprungs. Das Nordufer gehört zum Naturschutzgebiet Teufelsfenn, am Südufer befindet sich eine Badestelle und nahe dem Ostufer das 1872/73 erbaute und mittlerweile stillgelegte Wasserwerk Teufelssee. Im Übrigen ist der Teufelssee im Grunewald nicht zu verwechseln mit dem Köpenicker **Teufelssee** südlich des Großen **Müggelsees** (→ **Müggelsee,** → **Teufelssee Köpenick**).

Teufelssee (Köpenick)

Ein paar hundert Meter südlich des Großen **Müggelsees** liegt am Fuße des Kleinen Müggelbergs der sagenumwobene Teufelssee. Er ist ein in der Eiszeit entstandenes Hochmoor mit zahlreichen seltenen Pflanzen in der Uferregion, die auf einem etwa drei Kilometer langen Naturlehrpfad umrundet werden kann. Um den Namen des Sees ranken sich verschiedene Geschichten. So heißt es beispielsweise, er verdanke ihn einem Teufelsaltar, der in grauer Vorzeit hier gestanden habe. Einer anderen Sage nach soll hier einst ein verwunschenes Schloss im Moor versunken sein. Wieder einer anderen Version zufolge flüchtete sich ein Schlossfräulein, das von einem Jäger verfolgt wurde, in die Fluten und wartet dort bis heute auf einen Retter. (→ **Müggelberge,** → **Müggelsee**)

Tiergarten
Straße des 17. Juni, Großer Stern
Berlin (Charlottenburg)
Der Tiergarten ist eine riesige Grünfläche mitten in Berlin und nicht mit dem Berliner Zoo zu verwechseln. Im Tiergarten kann man joggen, grillen, sich Boote ausleihen, in Cafés sitzen – wie zum Beispiel dem **Café am Neuen See** –, Fußball spielen und das Leben genießen. Sogar das Fahrradfahren ist erlaubt. Nur Tiere gibt es hier nicht – bis auf Hunde und vermutlich Mäuse. Zwar war der Park bei seiner ursprünglichen Entstehung 1527 tatsächlich ein Tiergarten, der zur Jagd gedacht war. Aber da Friedrich II. nicht gerne jagte, ließ er das Gelände 1742 in einen Lustpark umwandeln. (→ **Café am Neuen See**)

Tierpark Friedrichsfelde → **Bärenzwinger (Tierpark Friedrichsfelde)**

Topographie des Terrors
Niederkirchnerstraße 8
10963 Berlin (Mitte)
Auf dem Gelände der »Topographie des Terrors« befanden sich von 1933–1945 zentrale Schaltstellen des Naziterrors. Hier hatten das Geheime Staatspolizeiamt, die SS-Führung und das Reichssicherheitshauptamt ihren Sitz. Durch Grabungen wurden Reste der früheren Bebauung auf diesem Areal frei gelegt, unter anderem Teile des Kellers der ehemaligen SS-Verpflegungsbaracke und eines Luftschutzgrabens. Außerdem finden sich hier ein Bodendenkmal mit Zellenböden des ehemaligen »Hausgefängnisses« der Zentrale der Geheimen Staatspolizei und das Baudenkmal Berliner Mauer.

Trabrennbahn Karlshorst

Treskowallee 129

10318 Berlin (Ortsteil Karlshorst im Bezirk Lichtenberg)

Die Trabrennbahn Karlshorst wurde 1893/94 als Pferderennbahn angelegt und hieß damals noch »Wuhlheider Hindernisbahn«. In Karlshorst kann man nicht nur sehen, wo sie denn laufen, sondern auch selbst aktiv werden und im Racing Club oder der Tribünenhalle Veranstaltungen organisieren. Der Kenner unterscheidet übrigens nicht nur zwischen Galopp- und Trabrennen: Es gibt auch noch Töltrennen, Passrennen, Aufgewichtsrennen, Ausgleichsrennen, Gruppenrennen, klassisches Rennen, Verkaufsrennen, Zuchtrennen, Jagdrennen, Cross Country und Skikjöring. Letzteres ist nicht zu verwechseln mit Skijöring (auf original Norwegisch: *snøre kjøring*), bei dem im Unterschied zum Skikjöring Reiter auf den Pferden sitzen, die einen Skifahrer ziehen.

Trabrennbahn Mariendorf

Mariendorfer Damm 222

12105 Berlin

Die Trabrennbahn Mariendorf wurde 1913 eröffnet, und heute finden hier in der Regel zweimal wöchentlich Rennen statt. Sogar Janet Jackson ist hier schon gelaufen und gewann 1994 prompt das Finale des Stuten-Derbys. Jährlich kommen etwa 400.000 Zuschauer, um sich um Haus und Hof zu wetten oder einfach nur zuzusehen, wie sich die Pferde sinnlos verausgaben. Wer nur an Geld interessiert ist, sollte die Grundbegriffe der Pferdewette kennen: Man kann auf Sieg, Platz oder Einlauf (auch bekannt als Zweier-Wette) setzen. Die Kategorie »Sieg« erklärt sich von selbst; bei »Platz« muss das bewettete Pferd Erster, Zweiter oder Dritter werden bzw. Erster oder Zweiter, sofern weniger als acht Pferde am Start sind. Beim »Einlauf« muss man die richtige Reihenfolge der einlaufenden Pferde von Platz eins bis drei vorhersagen. Für Fortgeschrittene gibt es noch die Dreier-Wette, Vierer-Wette, den Platzzwilling, die Finish-Wette und die TOP-6-Wette. Viel Glück!

Treptower Park

Alt-Treptow 1
12435 Berlin (Treptow-Köpenick)
Der Park liegt direkt an der Spree und ist das östliche Pendant zum Tiergarten. Er wurde von 1876 bis 1888 nach Plänen des damaligen städtischen Gartendirektors Gustav Meyer als Volkspark angelegt und stand damit allen Bürgern offen – damals keine Selbstverständlichkeit. Im Treptower Park gibt es große, kleinere und mittlere Wiesen, einen Hafen für Ausflugsdampfer, einen »Karpfenteich« genannten kleinen See, einen Biergarten, eine »Insel der Jugend«, eine Sternwarte und das Sowjetische Ehrenmal in stalinistischem Monumentalstil, eine Gedenkstätte für Gefallene des Zweiten Weltkriegs. In der Sternwarte soll Albert Einstein 1915 seinen ersten Vortrag zur Relativitätstheorie gehalten haben.

Trödel- und Flohmärkte

Hier findet man alles, was andere loswerden wollen. Und das ist eine Menge.
Antikmarkt Potsdamer Platz, beginnend am Reichpietschufer und entlang der Gabriele-Tergit-Promenade (Mitte): Sa 8.00–15.00 Uhr; So 10.00–18.00 Uhr
Flohmarkt am Arkonaplatz, Arkonaplatz (Mitte): So 10.00–16.00 Uhr
Kunst- und Nostalgiemarkt an der Museumsinsel, Am Kupfergraben (Mitte): So 11.00–18.00 Uhr

Flohmarkt direkt neben dem Mauerpark (Prenzlauer Berg),
So 8.00 – 18.00 Uhr
Kunstmarkt, Straße des 17. Juni (Tiergarten):
Sa und So 11.00 – 17.00 Uhr
Antik- und Trödelmarkt, Ostbahnhof (Friedrichshain):
Sa 9.00 – 15.00 Uhr, So 10.00 – 17.00 Uhr
Flohmarkt, Boxhagener Platz (Friedrichshain),
So 10.00 – 18.00 Uhr

Türkische Frisöre
In der Türkei gehen viele einmal pro Woche zum Frisör beziehungsweise zum *kuaför* (= Damenfrisör) oder *berber* (= Herrenfri-
sör). Hier bekommt man neben Dauerwelle, Haarschnitt, Färben
und Rasur auch andere Dienstleistungen wie Haarentfernung mit
Wachs. Auch Kosmetik, Maniküre, Pediküre oder Akupunktur
sind im Angebot. Viele *berber* bieten auch in Deutschland Nassra-
suren an, was erhebliches Fingerspitzengefühl erfordert. Türkische Frisöre lassen ihre Lehrlinge daher angeblich erst einmal an
einem Luftballon üben. Erst wenn der bei der Berührung mit der
Klinge nicht platzt, dürfen sie der Kundschaft an die Kehle gehen.

Türkischer Markt am Maybachufer
Maybachufer
Berlin (Neukölln)
Hier kann man mitten in Berlin einen Ausflug in die Türkei ma-
chen. Der Markt am Maybachufer gilt als Berlins größter türkischer
Markt. Es gibt neben Gemüse alle möglichen türkischen Speziali-
täten, außerdem Gewürze, Stoffe und Kleider.
Di und Fr, 12.00 – 18.30 Uhr

Volksbühne am Rosa-Luxemburg-Platz
Linienstraße 227

10178 Berlin (Mitte)

Die Volksbühne gibt es seit 1914, ihr erster Intendant war Max Reinhardt (1915 – 1918). Als Eröffnungsinszenierung am 30. Dezember 1914 war Goethes »Götz von Berlichingen« vorgesehen, aber wegen eines Schadens an der Versenkvorrichtung des Bühnenbodens konnte das Stück nicht aufgeführt werden. Stattdessen gab man »Wenn der junge Wein blüht« von Björnstjerne Björnson mit Fräulein Toni Wilkens u.a. Max Reinhardts Nachfolger, Fritz Holl, holte Erwin Piscator als Regisseur an das Theater. Nach dem Fall der Mauer wurde das Theater unter dem Intendanten Frank Castorf zur wahrscheinlich umstrittensten Bühne Deutschlands mit Regisseuren wie Christoph Marthaler und Christoph Schlingensief.

Von-der-Schulenburg-Park
Sonnenallee (südliches Ende)

12057 Berlin (Neukölln)

Das Areal des heutigen Parks wurde vermutlich schon im Ersten Weltkrieg als Grünanlage benutzt, aber erst 1923 als Anlage gestaltet und strukturiert. Im Zentrum befindet sich ein langes Wasserbecken mit einem Jugendstilbrunnen am südlichen Ende. Geschaffen wurde er von Ernst Moritz Geyer, der seinem Werk den Namen »Symbol des Waldesdoms« gab. Bei der Einweihungsfeier 1935, die als Folge politischer Machtspiele erst 15 Jahre nach der eigentlichen Fertigstellung stattfand, ließen die Nazis Kinder in Märchenkostümen auftreten. So wurde der Brunnen im Volksmund zum zweiten »Märchenbrunnen« Berlins. Die Plastiken »Brüderchen und Schwesterchen« und »Aschenputtel«, die heute den Brunnen zieren, entstanden allerdings erst 1970 anlässlich seiner Restaurierung.

Waldfriedhof Zehlendorf → Friedhöfe

Wasseruhr im Europacenter

Tauentzienstraße 9 / Breitscheidplatz

10789 Berlin (Charlottenburg)

Der auch »Uhr der fließenden Zeit« genannte Chronometer ist 13 Meter hoch und erstreckt sich über drei Etagen im Berliner Europa-Center. Er wurde von dem Pariser Physiker und Künstler Bernard Gitton entworfen und stellt den Ablauf von Minuten und Stunden im Zwölf-Stunden-Takt dar. In einem System gläserner, zu Türmen angeordneter Kugeln und kommunizierender Röhren fließt farbiges Wasser und ermöglicht mittelbar die Anzeige der Uhrzeit. Im Unterschied zur Mengenlehreuhr ist das Prinzip der Wasseruhr schon 5000 Jahre alt und wurde von den Ägyptern erfunden.

Weltzeituhr

Alexanderplatz

10178 Berlin (Mitte)

Die Weltzeituhr wurde von dem Industriedesigner Erich John gestaltet und steht seit 1969 auf dem Alexanderplatz. Die Weltzeit ist die Uhrzeit, welche in der Zeitzone des Nullmeridians, der durch Greenwich nach London verläuft, gültig ist. Eine Weltzeituhr zeigt die Abweichungen der verschiedenen Uhrzeiten der unterschiedlichen Zeitzonen auf der Erde in Bezug auf diese Weltzeit an. Die Berliner Urania-Weltzeituhr ist 10 Meter hoch, 16 Tonnen schwer und ein beliebter Treffpunkt in Berlin. Denn selbst wenn man zu spät zu einer Verabredung kommt – in einer anderen Zeitzone ist man pünktlich.

Yorckschlösschen

Yorckstraße 15

10965 Berlin (Kreuzberg)

Seit 1895 eine Institution in Kreuzberg und seit 25 Jahren eine Musik-Kneipe mit Livejazz und Blues bei freiem Eintritt. Das Yorckschlösschen hat einen Sommergarten, einen Billardtisch und angeblich einen der letzten Addams-Family-Flipper Berlins.

Öffnungszeiten: täglich von 9.00–3.00 Uhr

Zwiebelfisch

Savignyplatz 7

10623 Berlin (Charlottenburg)

»Zwiebelfisch« ist ein Begriff aus dem Buchdruck und bezeichnet einen einzelnen Buchstaben, der versehentlich in einer anderen Schrift als der Rest gedruckt wurde. In der Kneipe liegen diverse mehr oder weniger korrekt gedruckte Zeitungen und Zeitschriften aus – bis sie geklaut werden.

Öffnungszeiten: täglich von 12.00–6.00 Uhr

Bill Bryson bei Goldmann

GOLDMANN

Einen Überblick über unser lieferbares Programm
sowie weitere Informationen zu unseren Titeln und
Autoren finden Sie im Internet unter:

www.goldmann-verlag.de

Monat für Monat interessante und fesselnde
Taschenbuch-Bestseller

Literatur deutschsprachiger und internationaler Autoren

∞

Unterhaltung, Kriminalromane, Thriller,
Historische Romane und Fantasy-Literatur

∞

Klassiker mit Anmerkungen, Anthologien
und Lesebücher

∞

Aktuelle Sachbücher und Ratgeber

∞

Bücher zu Politik, Gesellschaft, Naturwissenschaft
und Umwelt

∞

Alles aus den Bereichen Esoterik, ganzheitliches Heilen
und Psychologie

Die ganze Welt des Taschenbuchs

Goldmann Verlag • Neumarkter Straße 28 • 81673 München

GOLDMANN